Ogün Ürek

J.P. Sartre'ın Toplum Felsefesinde Diyalektik Aklın Yeri

Ogün Ürek

J.P. Sartre'ın Toplum Felsefesinde Diyalektik Aklın Yeri

Türkiye Alim Kitapları

Impressum / Yayınevi adı
Bibliografische Information der Deutschen Nationalbibliothek: Die Deutsche Nationalbibliothek verzeichnet diese Publikation in der Deutschen Nationalbibliografie; detaillierte bibliografische Daten sind im Internet über http://dnb.d-nb.de abrufbar.

Deutsche Nationalbibliothek tarafından yayınlanan bibliyografik bilgiler: Deutsche Nationalbibliothek, bu yayını Deutsche Nationalbibliografie'de listeler; detaylı bibliyografik bilgi İnternet'te http://dnb.d-nb.de sitesinde mevcuttur.

Coverbild / Kitap kapağı resmi: www.ingimage.com

Verlag / Yayıncı:
Türkiye Alim Kitapları
ist ein Imprint der / yayınevinin bir ticari markasıdır
OmniScriptum GmbH & Co. KG
Heinrich-Böcking-Str. 6-8, 66121 Saarbrücken, Deutschland / Almanya
Email / E-posta: info@turkiye-alim-kitaplary.com

Herstellung: siehe letzte Seite /
Basım yeri: son sayfaya bakın
ISBN: 978-3-639-67047-9

İçindekiler

Giriş

Felsefe tarihinde ortaya konan görüşler arasındaki fark, büyük ölçüde filozofların görüşlerinde kullandıkları kavramlara yükledikleri farklı anlamlardan kaynaklanır. Temel bir felsefe kavramı olan "akıl" kavramı merkezinde bakıldığında, filozofların "akıl nedir?" ya da "aklın yapısı nedir?" sorularına verdikleri farklı cevaplarla, öncelikle varlık ve insan anlayışlarını, bunun dolaylı sonucu olarak tarih ve toplum anlayışlarını temellendirmeye çalıştıkları görülür.

Bununla birlikte, felsefe tarihinde, özellikle 19. yüzyıla özgü, kısmen de 20. yüzyılda egemen olan bir düşünme biçiminin olduğu da söylenebilir. Bu düşünme biçimine göre, temel amaç olan tarihsel ve toplumsal gerçekliği açıklayabilmek için önce bir oluş kuramı ortaya koymak gerekir. 19. yüzyılda başta Hegel olmak üzere, 20. yüzyılda da Sartre'ın özellikle toplum felsefesinde görülen bu düşünme biçiminde, tarihsel ve toplumsal gerçeklik, farklı şekillerde anlaşılan "akıl" ve "diyalektik" gibi kavramlarla açıklanmaya çalışılıyor. Ama bu noktada da, nesne edinilenin nasıl açıklanacağını önceden belirleyen bir kabul olarak oluş kuramıyla, tarihsel ve toplumsal oluşa ilişkin yapılan açıklama arasında kurulan bağlantıların tutarlılığı ve kurulmuş bağlantıların temellendirilmesi probleminin -yani yapılan açıklamanın nesnesine götürüp götürmediği probleminin- yanı sıra, çok daha temel olan bir problem, nesne edinilenin bağlantıları içinde doğru bir açıklanmasının yapılıp yapılmadığı problemi ortaya çıkar.

Söz konusu problemin oluşumunda çoğu zaman malzeme olarak kullanılan kavram çifti "akıl" ve "diyalektik" ile ilgili ilk sistemli düşüncelerle Platon'da karşılaşılır. İlişkin oldukları nesnelere bakıp, bunlara ait bilgiyi ayıran Platon, bu çerçevede *Politeia*'nın Altıncı Kitabında "bilinen şeyler"den söz ederken görülenler ile düşünenler (kavrananlar) ayrımı yapar. Bunlardan her birini de ikiye ayırır. İlk yanda imgeler, canlılarla insan yapıntıları; ikinci yanda ise ilk yandaki canlılarla insan yapıntılarını imge olarak alıp kullanan bağlantılar ile idealar vardır (Platon

1992:196-197). Platon'a göre görülenler alanına ait herhangi bir nesnenin bilgisi, farklı dereceleriyle de olsa, bir kanı (doksa) olmaktan öteye geçemez. Kavrananlar alanı "idealar" ve "hipotezler" (hypothesis) den oluşan varlık alanıdır. "Diskursif düşünme"yle elde edilen hipotezlerin bilgisi "bilimlerin bilgisi" (teleute); düşünceyle görme yoluyla ulaşılan ideaların bilgisi felsefi bilgi (episteme)dir.

> "Kavramlar çizgisinin ikinci bölümüne gelelim. Burada aklın kendiliğinden diyalektik gücüyle kavradığı şeyler vardır. Burada akıl, varsayımları (hipotezleri) birer ilke diye değil, sadece hipotez olarak, birer basamak, dayanak olarak alır. Bütün hipotezlerin üstündeki bütünün ilkesine yükselir. Bu ilkeye yükselince, ondan çıkan bütün sonuçlara dayanarak varacağı son yere varır" (Platon 1992:198).

Platon'a göre, aklın diyalektik yoluyla ulaştığı varlık ve kavram bilgisi, hipotezlere dayanan bilimler yoluyla elde edilen bilgiden daha açık ve kesindir (1992:198).

Platon'da akıl, diyalektik düşünme ya da metotla kesin bilgiye ulaşırken, Aristoteles'te kesin bilgiye ulaşmayı sağlayan akıl yürütme metodu diyalektikten farklı bir metottur. Aristoteles, diyalektik akıl yürütmeleri ele aldığı *Topika*'da, insanın karşılaşabileceği her konu hakkında genel kanılardan yola çıkarak akıl yürütmelerde bulunacak ve bir sav ileri sürdüğünde bunu çelecek bir şey söylemekten sakınmasını sağlayacak metodu ortaya koymaya çalışacaktır (1967:1). Bu çerçevede Aristoteles, iki öncüllü bir sonuçtan oluşan akıl yürütmeleri, kendisinden hareket ettiği ölçülerin bilgisel değerine bakarak kanıtlayıcı, diyalektik, tartışmacı ile yanıltıcı olmak üzere dörde ayırır. Dayandığı öncüller hem ilk hem de doğru olduklarında akıl yürütme kanıtlayıcı olur. Genel kanılara dayanılarak yapılan akıl yürütme diyalektiktir. Kanılara dayanmadığı halde kanılara dayanır gibi görünen akıl yürütme tartışmacıdır. Dayandığı öncüller ne doğru ile ilk ne de genel olarak kabul edilmişse akıl yürütme yanıltıcıdır (Aristoteles 1967:1-2). Böylece denebilir ki, Aristoteles'te akıl yürütmelerin tarzlarını, sonuçta da değerini de belirleyen şey, dayanılan öncüllerin niteliğidir. Kanıtlayıcı bir akıl yürütmenin sonucu kesin bilgi olabilir iken, diyalektik bir akıl yürütmeden çıkabilecek sonuç, ulaşılabilecek bilgi bir kanı, genel bir kanı olmaktan öteye geçemez. Ama böyle olmakla birlikte, Aristoteles'te diyalektik akıl yürütmeler yine de bütün soruşturmaların ilkelerinin yolunu açacaktır (1967: 4)

Diyalektiği bir metot olarak gören Platon ve Aristoteles'ten sonra özgün bir diyalektik kavramına Kant'ta rastlanır. Platon ve Aristoteles'ten farklı olarak Kant'ta diyalektik, yanlış bilgi olan bir sonucun çıktığı bir akıl yürütme veya yanlış çıkarımlardır. Kant'a göre bu yanlış çıkarımlar, bir bilme yetisi olarak akıl, doğal yapısına aykırı bir şekilde fazla kullanıldığında, yani kendine özgü sınırlarını aştığında ortaya çıkar. Akıl, sınırlarını son derece kolay, hem de farkına varmadan aşar; bu, aklın yapısıyla ilgilidir. Çünkü "saf aklın doğal ve kaçınamadığı bir diyalektiği vardır" (Kant 1905:294). Ortaya konduktan sonra, yani farkına vardıktan sonra da bu diyalektik ortadan kalkmaz.

Kant'a göre, akıl sahibi varlık olarak "insanın aklı, bilgilerinin bir türünde özel bir kaderle karşı karşıyadır. İnsan aklı bu bilgisinde öyle sorular tarafından rahatsız edilmektedir ki, akıl onları ne cevaplandırabiliyor, ne de yadsıyabiliyor" (Kant 1905:5). Aklın sormaktan kendini alamadığı sorular ise üç şeye, Kant'ın ifadesiyle aklın ürünü olan üç ideye ilişkindir. Bu ideler özgürlük, Tanrı ve ölümsüzlük ideleridir. Aklın ürünü olan bu ideler mümkün deneyin sınırlarının ötesinde olan, transzendent ilkelerdir; yani bu idelerin gerçeklikleri teorik aklın alanında, bilme alanında değildir. Kant'a göre bu ideler yalnız pratik aklın alanında, eylem alanında gerçekliğe sahiptirler (1994:4).

İşte Kant'a göre akıl, transzendent ilkeler olan idelerle ilgili bu tür soruları cevaplandırmaya kalkıştığında er geç yanlış çıkarımlara sürüklenir. Çünkü "bir idenin karşıladığı nesne hakkında hiçbir bilgimiz olamaz; ancak problematik bir kavramımız olabilir" (Kant 1905:320). Dolayısıyla öznel gerçekliği olan idelerle ilgili yapılan çıkarımların öncüllerinin deneyle ilgisi olmadığı halde, çıkan sonuçların nesnel gerçekliği ileri sürülürse, bu nesnel gerçeklik bir kuruntudan başka bir şey olamaz.

Kant sonrasında Hegel, diyalektik kavramı temelinde ortaya konan akıl ve özgürlük kavramları arasındaki ilişkiyi, Kant'ın yaptığı gibi, özgürlüğü aklın bir ürünü, bir idesi olarak değil de, dünya tarihindeki zorunlu hareketinde aklın amacı haline getirir. Hegel'e göre, felsefenin tarihe getirdiği tek kavram akıl kavramıdır. "Buna göre akıl dünyaya egemendir ve dünya tarihinde her şey akla uygun olmuştur" (Hegel 1995:31). Akıl, kendinden beslenir, kendi kendisi için malzemedir ve bu malzemeyi işler. O, hem kendi kendinin önkoşulu ve varmak istediği amaç, mutlak son amaçtır; hem de yalnız doğal evrenin değil, aynı zamanda tinsel evrenin içten çıkıp görünüş alanında dışlaşmasıdır; bu da dünya tarihinde olur (Hegel 1995:32). "Dünya tarihi yalnız bu tek aklın görünüşüdür" (Hegel 1995:33). Dünya tarihinde her şey akla uygun olur ve dünya tarihi, dünya tininin akla uygun zorunlu gidişidir. Dünya tini ise, tarihin tözüdür; bu, doğası hep bir ve aynı olan tindir ve dünyanın varoluşu bu doğayı açıklar (Hegel 1995:34).

Hegel'e göre dünya, fiziksel ve tinsel dünyayı kendinde biraraya getirir. Ama "dünya tarihinin tinsel taban üzerinde geçtiğine dikkat etmemiz gerekir" (1995:52). Çünkü "tin dünyası insanın meydana getirdiği dünyadır. İnsan istediği kadar Tanrının dünyasını tasarlayıp dursun, bu daima tinsel bir dünyadır; insanda gerçekleşmesi, onun tarafından var kılınması gerekir" (Hegel 1995:52-53). Tin kendi içeriğini önceden hazır bulmaz, ama kendini kendisi için nesne, içerik yapar. Böylece tin doğası gereği kendindedir ya da özgürdür (Hegel 1995:56).

> "Tinin kendi merkezine yakınlaşması demek, kendi özgürlüğünü eksiksiz kılmaya çalışması demektir. Bu çaba onun özüdür...Özgürlüğü durup duran bir varlık olmakta değil, özgürlüğünü ortadan kaldırmaya yönelen şeyi sürekli yadsımaktadır" (Hegel 1995:57).

Hegel'e göre dünya tarihi, dünya tininin özgürlüğünün bilincine ulaşma doğrultusundaki akla uygun zorunlu gidişidir. Bu zorunlu gidişin ya da hareketin ilkesi ise diyalektiktir. Hegel'de diyalektik hareket birbirini tamamlayan üç andan (moment) oluşur. Ona göre zorunlu hareket olarak diyalektiğin ilki anı tez, ikinci anı antitez, üçüncüsü ve sonuncusu da sentezdir. Örneğin, tez gonca, antitez çiçek, sentez de meyve olsun. "Gonca, çiçeğin ortaya çıkmasıyla yok olur. Bu nedenle çiçeğin goncayı çürüttüğü söylenir...Meyve de çiçekteki hakikat olarak bir süre sonra çiçeğin yerini alır" (Hegel 1993:69). Başka bir ifadeyle, meyve çiçeğin daha üst düzeyde yeniden kurulmasıdır. Böylece Hegel'e göre "etrafımızdaki her şeye diyalektik olanın bir örneği olarak bakılabilir...öyle ki bu diyalektikle, aynı şey, aslında kendinin diğeri olarak, doğrudan doğruya olduğu şey olmaktan çıkarak karşıtına dönüşür" (Hegel 1987:75).

Hegel'e göre akla uygun diyalektik gidiş olarak dünya tarihinde tözselin önünde bireyler yiter: Tözsel, kendi amaçları için gereksediği bireyleri kendi bulur. Bireyler tarihte geçmesi gereken olayın geçmesini engelleyemezler. Bir halkın özel tini yok olup gidebilir, ama o dünya tarihinin ilerleyiş zincirinde bir halkadır; genel tin ise yok olmaz. Halk tini özel biçime girmiş genel tindir (Hegel 1995:62). Başka bir ifadeyle, her şeyin gelip kendine dayandığı son bilinç aşaması olan özgürlüğün gerçekleşmesinin malzemesi ve tabanı genel bilinçten, halkın bilincinden başkası değildir (Hegel 1995:61).

Hegel'e göre, dünya tarihinde yalnız devlet kurmuş halkların sözü edilebilir. Genel olan, tek insanın kafasındaki bir şey değildir, varoluş alanına girmesi gerekir (Hegel 1995:113). Devlet genelin geçerlilik kazandığı varoluş alanıdır. Dolayısıyla özgürlük devlette nesnellik kazanır. Çünkü devleti devlet yapan yasalardır ve yasa, tinin nesnelliğidir, doğrulanmış istemedir. Bu durumda yalnız yasaya boyun eğen isteme özgürdür. Başka bir ifadeyle "toplum ve devlet daha çok özgürlüğün gerçekleştiği durumlardır" (Hegel 1995:117).

Hegel'de devlet aynı zamanda halk yaşamının diğer somut yanlarının, dinin, sanatın ve felsefenin temelini oluşturur. Bu tür her tinsel eylemin tek amacı da özgürlüğün bilincine varmaktır (Hegel 1995:123).

Son olarak, 20. yüzyılın ikinci yarısında Sartre, bakışları yeniden 19.yüzyıla çevirerek Hegel'in diyalektik olarak nitelendirdiği düşünme biçimine Marx'ın kimi temel düşüncelerini ve kendi varoluşçu insan anlayışını ekleyerek oluşturduğu diyalektik akıl anlayışıyla toplumsal oluşu açıklamaya çalışır. Ona göre, toplumun oluşumunu açıklamak, yani yapısal ve tarihsel bir antropoloji kurmak için, bilgi ile insan gerçekliği arasındaki ilgi olarak diyalektik aklın olduğunu göstermek, alanını, sınırlarını çizmek ve geçerliliğini temellendirmek, yani diyalektik aklın eleştirisini yapmak gerekir. Bu eleştiri doğrultusunda Sartre, bir akıl, aynı zamanda bir metot olarak da nitelendirdiği diyalektikle tarihsel ve toplumsal oluşu açıklamaya çalışır. Bu açıklamasında temele ise, Hegel'de olduğu gibi, diyalektik ve tarihsel tamlaşma sürecinin çeşitli anlardan oluştuğu düşüncesini koyar. Sartre'ın diyalektik tamlaşma anlayışında temele aldığı bu kabulün nesnesi, aynı zamanda onun ileriye yönelik-geriye dönük metot olarak nitelendirdiği diyalektik metodu için de temel "anlama" nesnesidir.

Bu noktada, Sartre'ın "diyalektik akıl" olarak adlandırdığı akıl anlayışı temelinde ortaya koyduğu tarih ve toplum anlayışına ilişkin şu sorular sorulabilir: Sartre, *Metot Sorunları* adlı yapıtında ortaya koyduğu metot ya da kuramla, daha sonra yayımladığı *Diyalektik Aklın Eleştirisi* adlı yapıtında bu metoda dayanarak söyledikleri, ele aldığı konuları yeterince açıklayabiliyor mu? Diğer yandan, Sartre'ın yaptığı bu açıklamalar, metodunu oluşturan görüşü temellendirebiliyor mu?

Dolayısıyla bu çalışma, ortaya konan bu sorulara verilmeye çalışılacak cevaplar doğrultusunda, Sartre'ın toplum felsefesinde ortaya koyduğu metodu/yaklaşımı değerlendirmeyi amaçlamaktadır.

Birinci Bölüm
Sartre'da Yapısal ve Tarihsel Bir Felsefi Antropolojinin Temeli Olarak Diyalektik Akıl

1.1. Yapısal ve Tarihsel Bir Felsefi Antropolojinin Gerekliliği

Sartre *Metot Sorunları* başlığıyla yayımladığı makaleler dizisine yazdığı "Önsöz"ün hemen başında şunu sorar: "Bugün yapısal ve tarihsel bir antropoloji kuracak araçlara sahip miyiz?" (Sartre 1985a:14). Ona göre bu soru cevabını ancak marksist felsefede bulur. Çünkü Sartre için zamanının aşılmaz tek felsefesi marksizmdir ve varoluş ideolojisi ile onun anlamaya dayalı metodu bu felsefe tarafından kuşatılmış bir alan olarak kalmaktadır (1985a:14).

Varoluş ideolojisini ve metodunu kuşatılmış bir alan olmaktan kurtararak marksizmi aşmaya çalışan Sartre'a göre, felsefe bazı kişilere homojen bir ortam olarak görünür. Düşünceler ve dizgeler bu ortamda doğar, kurulur ve zamanı gelince de çökerler. Bazı kişilere göre ise felsefe, istemelerimize göre özgürce benimseyebileceğimiz özgün bir tutumdur. Bazıları ise felsefeyi kültürün bir parçası olarak görür. Oysa aslında tek bir felsefe yoktur, felsefeler vardır. Ya da başka bir ifadeyle "aynı anda birden çok yaşayan felsefe olamayacağı için toplumun genel hareketine bir anlam vermek amacıyla belli koşullarda bir felsefe oluşur" (Sartre 1985a:19) demek daha doğru olur. O zaman da bir felsefe ancak canlı kaldığı sürece çağdaşları için kültürel bir ortam olur. Bu durumda, felsefe denilen bilimin bu gölgesi, bu birlik bozucu nesne, aynı anda hem tamamen birbirinden farklı görünümler ortaya koyarken, hem de sürekli olarak bu görünümlerin birliğini sağlamaya çalışır (Sartre 1985a:19).

Sartre'a göre "tözleştirilmiş bir soyutlamadan başka bir şey olmayan" (1985a:19) felsefenin tam anlamıyla felsefi olabilmesi için güncel bilginin tamlaşması (la totalisation) olması gerekir (1985a:20). Dolayısıyla yapısal ve tarihsel "antropoloji bir hakikate sahip olacaksa, bu hakikatin ya olmuş bitmiş bir hakikat ya da tamlaşmakta olan bir hakikat olması gerekir" (Sartre 1985a:14). Oysa Sartre'a göre felsefe tarihi boyunca felsefe, gücünün doruğuna vardığı dönemlerde bile, kendini hiçbir zaman olmuş bitmiş bir şey, tamlaşmış bir bilgi olarak ortaya koyamamıştır. Çünkü "toplumsal hareketten doğmuş olan felsefe de bir harekettir ve bu hareket gelecek üzerinde etkide bulunur" (Sartre 1985a:20). Bu anlamda felsefe, "birleştirme edimini en son sınırlarına dek izleme yolunda edinilen soyut bir proje... bir araştırma ve açıklama metodudur" (Sartre 1985a:20). Her felsefe de pratiğe yönelik olduğundan "felsefenin metodu toplumsal ve siyasal bir silahtır" (Sartre 1985a:20). Bu nedenle bir felsefe, her şeyden önce, yükselen sınıfın kendi bilincine vardığı belli bir yoldur.[1] Çürümüş toplumları mayalandıran bu bilinç ise, açık ya da bulanık, doğrudan ya da dolaylı olabilir (Sartre 1985a:19).

Felsefe için bir araştırma ve açıklama nesnesi olan "praksis", yani belli bir amaç ya da proje doğrultusundaki insan eylemleri canlı kaldığı sürece felsefe de canlı kalmaktadır (Sartre 1985a:20). Bu nedenle, bir felsefe akımı artık var olmuyorsa iki şeyden biri doğrudur: Ya felsefe ölmüştür ya da bir "bunalım" dönemi yaşamaktadır. Birinci durumda artık bir gözden geçirme değil, çürümüş olan bir yapıyı yıkmak söz konusudur. "Felsefi bunalım ise toplumsal bir bunalımın ifadesidir" (Sartre 1985a:22). Toplumsal bunalım anlarında felsefe, kitlelerin içine girip kitlelerde ve kitlelerle birlikte ortak bir özgürleşme aracı durumuna geldiğinde dönüşüme uğramakta, köken ve güncel içeriğinden kopmakta, özgünlüğünü yitirmektedir (Sartre 1985a:20-21). Bu nedenle felsefe tarihinde felsefeyi bunalım dönemlerinden çıkaran felsefi yaratış dönemleri çok enderdir. Sartre 17. yüzyıl ile 20. yüzyıl arasında böyle

[1]Sartre'a göre bu, bir dönemdeki felsefenin, bu felsefeye ilk biçimini veren filozofu –bu filozof ne denli büyük olursa olsun- kat kat aşmasındandır (1985a:19).

üç felsefi yaratış dönemini ya da anını ayırır: Descartes ve Locke'un, Kant ve Hegel'in ve son olarak da Marx'ın anı (1985a:21).

Sartre'a göre bu üç felsefenin herbiri kendi zamanında özgün düşüncelerin geliştiği verimli bir toprak, bir kültür ufku olmuştur. Bu nedenle, bu felsefelerin dile getirdiği tarihsel an aşılmadığı sürece onların ötesine geçilemez (Sartre 1985a:21). Öyle ki sık sık şu gözlemlenmiştir: Marksizm karşıtı bir tez, marksizm öncesi bir düşüncenin açık bir canlanışından başka bir şey değildir. Marksizmin sözde bir aşılışı, en kötüsünden, marksizm öncesine bir dönüş; en iyisinden, aşıldığı sanılan bir felsefede daha önce bulunan bir düşüncenin yeniden ortaya çıkışıdır (Sartre 1985a:21). Bu nedenle, canlı bir felsefeyi toplumsal akışa yeniden uyarlamanın hiçbir anlamı yoktur; çünkü "bu felsefe binlerce yeni çabayla kendinden bu akışa uyarlanır ve toplumsal hareketle bir bütün oluşturur" (Sartre 1985a:21).

Sartre'a göre "en geniş felsefi tamlaşma Hegel felsefesinde görülür. Hegel'de bilgi en seçkin saygınlığına yükseltilmektedir" (1985a:22). Onda bilgi, varlığı dıştan gözlemekle yetinmez, varlığa katılır ve onunla bütünleşir. Akıl, kendini nesneleştirir, yabancılaştırır ve durmaksızın kendi tarihinde kendini gerçekleştirerek yeniden bulur. İnsan ise kendini dışlaştırarak şeylerde yitirir, ama her yabancılaşma filozofun saf bilgisiyle sonunda aşılır. Böylece Hegel'de "mutsuzluğumuza neden olan çelişmeler ve çatışmalarımız sanki aşılsın diye ortaya konmuş anlardır" (Sartre 1985a:22).

Hegel'le karşılaştırıldığında, Kierkegaard pek önemli bir filozof olarak gözükmemektedir. Kierkegaard'ın bir filozof olmadığı apaçık ortadadır. Zaten kendisi de bu ünvanı reddeder. Aslında Kierkegaard, bir dizge içine sıkışıp kalmak istemeyen Hegel'e karşı yaşanmış olanın indirgenemezliğini ve kendine özgülüğünü ileri süren bir hıristiyandır (Sartre 1985a:23). Kierkegaard'a göre öznel yaşam yaşandığı sürece bilgi nesnesi yapılamaz. Bu tür yaşam, ilke olarak bilgiye sığmaz. Örneğin acı üzerine ne söylenirse söylensin, ne düşünülürse düşünülsün, acı kendinde ve kendisi için çekilmediği ve bilgi onu dönüştürmekte yetersiz kaldığı sürece bilgiye sığmayacaktır. "Filozof, düşüncelerden oluşturulmuş bir saray kurmakta ama buna karşılık bir kulübede yaşamaktadır".[1] İnanan kişinin aşkınlıkla ilişkisi ancak bir öteye geçme biçiminde tasarlanabilir. İşte Sartre'a göre, darlığı ve sonsuz derinliği içinde her türlü felsefeye karşı kendini haklı gösterdiğini öne süren bu içsellik ve her insanın başkaları ve Tanrı karşısındaki kişisel serüveni olarak ortaya çıkan bu öznellik, Kierkegaard'ın varoluş olarak adlandırdığı şeydir (1985a:24).

Ancak Sartre'a göre dönemin çerçevesi içinde değerlendirildiğinde, Hegel kendi açısından ne kadar haklıysa, Kierkegaard da o denli haklıdır. Hegel haklıdır; çünkü Danimarkalı ideolog gibi sonunda boş bir öznelliğe varan donmuş ve kısır bir tutarsızlıkta diretmek yerine, Jenalı filozof kavramlarıyla somut gerçekliği amaçlar. Kierkegaard haklıdır; çünkü acı, gereksinim, tutku ve insanların düştükleri sıkıntılar ne aşılabilen, ne de bilgiyle değiştirilebilen katı gerçeklerdir. Kierkegaard belki de, hem Hegel'e karşı, hem de Hegel sayesinde gerçeğin ve bilginin ölçülemezliğini (la incommensurabilité) vurgulayan ilk kişidir (Sartre 1985a:24).

Ama Sartre'a göre Kierkegaard ve Hegel'den daha çok Marx haklıdır. "Çünkü Marx, Kierkegaard ile birlikte insan varoluşunun kendine özgülüğünü doğrulamakta, Hegel'le birlikteyse insanı nesnel gerçekliği içinde kavramaktadır" (Sartre 1985a:26). Marx'a göre Hegel, insanın evrendeki yalın dışlaşması (la extériorisation) olan nesneleşmeyi, bu dışlaşmayı insana karşı kullanan yabancılaşmayla karıştırmıştır. Oysa dışarıya yönelmiş bir açılım olarak nesneleşme, yaşamını durmadan yeniden üreten ve doğayı değiştirerek kendini dönüştüren insana kendi yarattığı dünyada kendini gözleme olanağı verir. Hiçbir diyalektik el çabukluğu yabancılaşma denilen bu şeyi insandan dışlayamaz. Söz konusu olan bir kavramlar oyunu değil, gerçek tarihtir. İnsanlar, gerekli ve kendi istemelerinden bağımsız bir üretim ilişkileri bütününe girmekte ve söz konusu olan bu üretim ilişkileri de maddesel üretim güçlerinin belli bir aşamasına karşılık gelmektedir. Oysa tarihimizin bugünkü evresinde, üretim güçleriyle üretim ilişkileri savaşa girmişlerdir. Bu savaşın

[1] Sartre burada Kierkegaard'ın söylemiş olduğu bir sözü aktarır ama kaynak göstermez.

sonucunda, yaratıcı iş yabancılaşmakta, insan kendi yapıtında kendini tanıyamamakta, yaptığı yorucu iş ona düşman bir güç olarak gözükmektedir. Bu nedenle Marx'a göre yabancılaşma, bu savaşın sonucu olarak belirdiğine göre tarihsel bir gerçek olup hiçbir biçimde bir düşünceye indirgenemez (Sartre 1985a:25).

Sartre'a göre, Marx insan gerçekliğinin bilgiye indirgenemez olduğunu, yaşanması ve üretilmesi gerektiğini ileri sürmekte, ancak onu, küçük burjuvanın katı ve aldatıcı boş öznelliğiyle karıştırma yanılgısına düşmemektedir. O, bu insan gerçekliğini felsefi tamlaşmanın doğrudan konusu yapmakta, araştırmalarının merkezine somut insanı, yani belli bir andaki gereksinimleriyle, varoluşunun maddesel koşullarıyla, şeyler ve insanlara karşı savaşımıyla belirlenen insanı yerleştirmektedir (Sartre 1985a:26).

Sartre'a göre, 19. yüzyılda marksizm, yalnız tarihi yapma amacını güden bir girişim değil, aynı zamanda teori ve pratikte tarihi ele geçirme yolunda üstlenilmiş dev bir girişimdir. Marksizm bu girişimi yerine getirirken, hem kapitalist süreci, hem de işçilerin nesnel gerçekliğini ortaya çıkaran bir kavramayla işçi hareketini birliğe, işçi sınıfının eyleminiyse aydınlığa kavuşturmaktadır. Bu çabanın sonunda sömürülenlerin birleştirilmesi ve savaşan sınıf sayısının sürekli olarak azaltılmasıyla tarih, insan için bir anlam kazanacaktır. Böylece işçi sınıfı, kendi bilincine vararak, tarihin öznesi olmakta, yani kendini tarihte tanıma zorunluluğunu duymaktadır (Sartre 1985a:74-75).

Sartre'a göre marksizmin gücünü ve zenginliğini oluşturan şey, onun tarihsel süreci bütünlüğü içinde aydınlatan en köklü girişim olmasıdır (1985a:35). Ama Marx sonrası marksizmin, özellikle de 20.yüzyılın ikinci yarısından sonraki marksizmin gölgesi tarihi karartır olmuştur. Bu durum, marksizmin tarih ile birlikte yaşamayı bırakmasından, bürokratik bir tutuculukla değişikliği özdeşliğe indirgemeye girişmesindendir (Sartre 1985a:36). Marx sonrası "marksizmin bize öğreteceği yeni bir şeyi yoktur, çünkü durmuştur" (Sartre 1985a:31). Bunun nedeni, bu felsefenin dünyayı değiştirmek isteyen felsefe olma isteğidir. Onun amacı "dünya-olan-felsefe" olmaktır. Bu da marksizmde teoriyi bir yana, praksis'i öte yana iten bir bölünmeye yol açmıştır (Sartre 1985a:31).

Sartre'a göre, bugünkü durumda marksizme iki temel noktada eleştiri yöneltebiliriz. Hiç şüphe yok ki, marksizm sınıf çıkarlarının bireysel çıkarlara karşı nasıl zorla benimsetildiğini, yalın bir insan ilişkileri bütünü olarak görünen pazarın, nasıl alıcı ve satıcılar arasında gerçeklik kazanmaya yöneldiğini göstermektedir. Ama marksizm bu "topluluk nesneleri"[1]nin doğası ve kökeni konusunda belirsizliğe bürünmektedir (Sartre 1985a:66). Ona göre "marksizme yöneltilebilecek ikinci eleştiri, onun bu nesneleri toplumsal yaşamın bütün düzeylerinde hiçbir zaman inceleme kaygısı duymamış olması nedeniyledir" (Sartre 1985a:67). Oysa insan, ancak bu topluluk nesneleriyle ilişkisinde bulunduğu koşulları tanımayı öğrenmektedir.

20.yüzyılın marksistleri, yetişkinler dışında hiç kimseyle ilgilenmemektedir. İnsan onları okurken, ilk parasını kazandığı zaman doğduğuna inanası gelir. Kendi çocukluklarını unutmuş olan bu marksistler okununca, sanki insanlar yabancılaşma ve şeyleşmelerinin deneyimine ilkin çalışma yaşamlarında varıyorlarmış gibi görünür. Oysa her insan, bu durumu, ilkin çocuk olarak, anne ve babasının işinde yaşamaktadır. Özellikle cinselliğe önem veren yorumlara karşı direnen marksistler, insandaki doğanın yerine yalnızca tarihi koyduğunu ileri süren bir yorum metodunu eleştirmek için, söz konusu cinsellik yorumlarından yararlanma yoluna gitmektedirler. Marksistler, cinselliğin, belli bir düzeyde ve belli bir bireysel görünüm içinde bulunduğumuz durumun bütünlüğünü yaşamadaki yollardan yalnız biri olduğunu daha anlayamamışlardır (Sartre 1985a:57).

---

[1] Sartre'ın burada sözünü ettiği topluluk nesneleri, örneğin bir kilise, bir banka, herhangi bir fatura ya da bir gazete gibi nesnelerdir (1985a:67).

Sartre'a göre, böyle yapmakla bu tembel marksizm her şeyi birbirine karıştırmakta, somut kişileri mitleştirmekte, insan varlığının karmaşıklığını gerçekten kavrayabilecek tek felsefeyi bir "paranoyak düşü" durumuna dönüştürmektedir (1985a:51). İnsan yaşamının bütün somut belirlenimlerini rastlantıya bırakarak tarihsel tamlaşmadan soyut bir evrensellik iskeleti dışında hiçbir şey almayan bu marksizm, bir insan olmanın taşıdığı bütün anlamı yitirmiştir. Gedikleri doldurmak için de Pavlov'un saçma psikanalizmine sığınmaktadır (Sartre 1985a:70). Onların unuttuğu şey, insanın yabancılaşsa da, şeyleşse de yine de insan olarak kaldığıdır.Marx, şeyleşmeden söz ettiğinde, bizim eşyalara dönüştüğümüzden değil, biz insanların söz konusu maddesel şeylerin yarattığı koşulları insanca yaşamaya zorunlu olduğumuzu anlatmak istemektedir (Sartre 1985a:84). İşte Sartre'a göre "verilen bu örnekler, bu felsefede somut bir antropolojinin eksik olduğunu ortaya koymaktadır" (1985a:71). Bu nedenle "insanı marksizm içinde yeniden ortaya çıkarmak" (Sartre 1985a:71) gerekir. Çünkü

> "Marksizm, bitmiş tükenmiş olmak bir yana, henüz çok gençtir, hatta çocukluğunu yaşamakta, gelişmeye yeni yeni başlamaktadır. Bu nedenle çağımızın felsefesi olarak kalmaktadır. Onu doğuran koşullar daha aşılmamış olduğundan, düşüncelerimiz ne olursa olsun ancak marksizm denilen bu verimli toprak üzerinde biçimlenebilir. Aksi takdirde ya boşlukta kalırlar ya da gerilerler" (Sartre 1985a:36).

Sartre, insanı marksizm içinde yeniden ortaya çıkarmak amacıyla, verimli bir toprak olarak gördüğü marksist düşünceyle kendi varoluşçu insan anlayışını biraraya getirir. Ona göre "böylece varoluşun kavranılması marksist antropolojinin insansal temeli olarak ortaya çıkar" (Sartre 1985a:129). Çünkü "marksizm bugün, aynı anda hem yapısal hem de tarihsel olabilecek olanaklı tek antropoloji" (Sartre 1985a:128); insanı bütünlüğü içinde kavrayan, insanı bulunduğu koşulların maddeselliğinden hareketle ortaya koyan tek felsefedir. Marksizme hiç kimse başka bir çıkış noktası öneremez. Çünkü bunu yapmak, ona araştırmanın nesnesi olarak başka bir insanı önermek olur (Sartre 1985a:128).

Marksizm gibi varoluşçuluk da insanı, üretim tarzı ve ilişkileriyle birlikte sınıf savaşları içinde ele alır. "Varoluşçuluk ve marksizm aynı nesneye yönelirler. Ancak marksizm insanı düşüncenin içine hapsederken, varoluşçuluk onu her yerde arar. Bulunduğu yerde, işinde, evinde, sokakta" (Sartre 1985a:35). Başka bir ifadeyle, varoluşçuluk marksizmden farklı olarak insanı varoluştan hareketle inceler (Sartre 1985a:129). Varoluşçuluk marksist ilkelere bağlı kalarak, kişinin üretim güçleri ve ilişkileriyle belirlenmesi için dolayımlamalar (les mediations) yapar (Sartre 1985a:54).

Varoluşçuluğun nesnesi, toplumsal alandaki, sınıfındaki, toplumsal nesneler ortamındaki ve diğer insanlararasındaki tek insandır. Varoluşçuluğun ele aldığı konu, işbölümü ve sömürünün neden olduğu yabancılaşmaya karşı savaşan ama ne olursa olsun direncini yitirmeksizin güç kazanan, yabancılaştırılmış, şeyleştirilmiş ve aldatılmış bireydir. Bununla birlikte, diyalektik tamlaşma, iktisadi kategoriler olduğu kadar, edimleri, tutkuları, işi ve gereksinimleri de kuşatmak durumundadır. Bu nedenle diyalektik tamlaşma, kişiyi ya da olayı, hem tarihsel konumu içine yerleştirip onu oluşumun yönüne göre tanımlamalı, hem de bu biçimde gerçekleşen bugünün anlamını tam olarak belirlemelidir (Sartre 1985a:103).

Böylelikle Sartre'a göre varoluşçuluk, tarihsel olayın kendine özgülüğünü doğrulamakta, olaya işlevini ve çok boyutluluğunu geri vermeye çalışmaktadır. Marksizm ise toplumun yapısını, sınıf savaşlarının aldığı biçimi, üretim ilişkilerini, sınıfın yükselme hareketini ve her sınıfın içinden ortaya çıkabilecek farklı çıkar gruplarını birbirine düşüren çelişmeleri göstermektedir (Sartre 1985a:97)

Sartre'a göre "yapısal ve tarihsel bir antropoloji olarak marksizmin temeli, insanın varoluşu ile kavranılması ayrılmadığı sürece insanın bizzat kendisidir"

(1985a:129). Başka bir ifadeyle antropolojinin temeli insandır. İnsan ise, pratik bir bilginin nesnesi değil, bilgiyi praksis'in bir anı olarak üreten pratik bir organizmadır (Sartre 1985a:131). Bu noktada varoluş ideolojilerinin asıl işlevi, şimdiye dek hiçbir zaman varolmamış soyut bir insan gerçekliğini betimlemek değil, incelenen süreçlerin varoluşsal boyutunu antropolojiye durmadan anımsatmaktır.

Antropoloji ise yalnızca insani nesneleri inceler. Oysa insan, kendisi aracılığıyla nesne-oluşun (le devenir-objet) insan anlamına geldiği varlıktır. "Antropoloji taşıdığı ada ancak, insani nesneleri incelemek yerine, farklı nesne-oluş süreçlerinin incelemesini koyduğunda layık olacaktır" (Sartre 1985a:128). Antropolojinin işlevi, bilgisini rasyonel ve anlamaya dayalı bir şekilde kurmaktır. Başka bir ifadeyle, tarihsel bir tamlaşma, ancak, antropoloji onu anlamaya çalışırsa olanaklı olacaktır. Çünkü "kendini anlamak, başkasını anlamak, varolmak ve edimde bulunmak bir ve aynı harekettir" (Sartre 1985a:128).

Sonuç olarak, Sartre'ın bütün amacı, *Diyalektik Aklın Eleştirisi*'nin "Giriş"inde Kantçı bir ifade biçimiyle de dile getirdiği gibi, "gelecekteki her antropolojiye prolegomena'nın temellerini atmak" (1985a:180) tır. Başka bir ifadeyle, felsefi antropolojinin iç çelişmelerini gün ışığına çıkarmak ve ortaya koyacağı metotla bu çelişmeleri giderecek çözümlerin bir taslağını yapmaktır (Sartre 1985a:14).

1.2. Bir Akıl Olarak Diyalektik

Sartre'a göre "bugün yapısal ve tarihsel bir antropoloji kuracak araçlara sahip miyiz?" sorusu, zorunlu olarak şu temel soruya indirgenebilir: "İnsana ilişkin bir hakikatten söz edilebilir mi?" (Sartre 1985a:14). Ona göre, bu birbirine bağlı iki soru da ancak diyalektik aklın bir eleştirisi çerçevesinde cevaplandırılabilir. Çünkü "diyalektik akla meşruluk sağlamadığımız sürece...antropoloji bir deneysel bilgiler, pozitivistçe çıkarımlar ya da tamlaşan yorumlar yığını olarak kalacaktır" (Sartre

1985a:15). Dolayısıyla diyalektik aklın eleştirisi, böyle bir "aklın" olduğunu gösterme, "sınırlarını ve uygulama alanını belirleme"nin (Sartre 1985a:178) yanında, diyalektik akla ilişkin böyle bir "eleştirel girişim, yapısal ve tarihsel bir antropoloji kurmayı (da) amaçlar" (Sartre 1985a:183).

"Ancak Sartre 'akıl' dan neyi anlar? Bu soru cevaplandırıldığında, Sartre'ın diyalektiğinin iç içe olan üç anlamı; -bir '*akıl*', bir '*metot*' ve ikisinin birliği olan bir *etkinlik* olarak diyalektik- açıklığa kavuşmuş olur" (Kuçuradi 1997:130).

Sartre'a göre "akıl, bilgiyle varlık arasında belirli bir ilgidir" (1985a:14). Bu açıdan bakıldığında, tarihsel tamlaşma ile tamlaşan hakikat arasında bir ilginin varolma zorunluluğu varsa ve bu ilgi varlık ve bilgide çifte bir hareket ise o zaman bu hareketli ilişkiye de akıl adını vermek uygun olur. Dolayısıyla araştırmanın amacı, doğa bilimlerinin pozitivist aklının antropolojinin gelişiminde bulduğumuz akıl olup olmadığını ya da insanın insanca bilinmesinin ve kavranılmasının özgün metotlarını değil, yeni bir aklı da, yani düşünceyle nesnesi arasında yeni bir ilişkiyi de içerip içermediğini ortaya koymak olacaktır. "Ya da başka bir ifadeyle diyalektik bir akıl var mıdır?" (Sartre 1985a:14-15) sorusunu ortaya koymak gerekecektir.

Sartre'a göre diyalektik, bir "akıl" ya da "aklın" bir türüdür. Başka bir ifadeyle diyalektik akıl, bilgiyle varlık arasında kurulabilecek ilişkilerden bir tanesidir (Sartre 1985a:14). Bu ilişkinin özelliğini belirleyen ise, düşünce nesnesinin yapısıdır. Bilginin nesnesi insan olduğunda ya da düşünce insan gerçekliğini nesne edindiğinde, "düşünceyle varlık arasındaki hareketli ilişkiye" diyalektik akıl demek gerekir. Bu gerekliliği yaratan ise insanın özelliğidir:

> "Bu canlı evren içinde insanın bizim için ayrıcalıklı bir yeri vardır. İlkin çünkü o tarihsel olabiliyor; yani maruz kaldığı ve neden olduğu değişmeler ve bu değişmeleri içselleştirmesi (interioriser), arkadan da içselleştirilmiş ilkeleri aşması boyunca, kendi praksis'iyle durmaksızın kendini tanımlıyor.

Sonra da, çünkü insan, olduğumuz varolan (l'existant que nous sommes) olma özelliğine sahiptir...insan gerçekliği, varolmasında söz konusu olan varolandır (existant)" (Sartre 1985a:124).

Bu nedenle, insanı anlamak için "diyalektik aklı" kurmak, yani bilgiyle insan gerçekliği arasındaki ilgiyi ortaya çıkarmak, "diyalektiği, antropolojinin evrensel metodu ve evrensel yasası olarak temellendirmek gerekir" (Sartre 1985a:138). Başka bir ifadeyle, yapısal ve tarihsel bir antropoloji ortaya koymak gerekir. Sartre'a göre,

"Diyalektik akıl, metodolojinin çerçevesini aşar; evrenin bir kesiminin ne olduğunu, belki de, bir bütün olarak evrenin ne olduğunu söyler; araştırmalara yön vermek, hatta nesnelerin ortaya çıkma tarzı konusunda önceden yargıda bulunmakla yetinmez: yasa koyar, diyalektik bir bilginin olanaklı olabilmesi için dünyayı (insan dünyasını ya da tam dünyayı) olması gerektiği gibi tanımlar ve aynı zamanda gerçeğin hareketiyle düşüncelerimizin hareketini birbirinin aracılığıyla aydınlatır. Yine de bu eşi olmayan rasyonel sistem, rasyonalitenin bütün modellerini aştığını ve bütünleştirdiğini ileri sürer: diyalektik Akıl, ne meydana getiren Akıl, ne de meydana getirilmiş Akıldır; kendi kendini meydana getiren ve dünyanın aracılığıyla, yeni akıllar meydana getirmek için, meydana getirilmiş bütün akılları eriten, sonra da bu yeni akılları da aşan ve eriten bir Akıldır" (Sartre 1985a:140).

Sartre'ın diyalektik aklın eleştirisinde, diyalektik aklın geçerlilik alanını belirlemeye yönelten önemli nedenlerden biri de, diyalektik aklı analitik akıldan ayırmayı istemesidir (1985a:15). Onda diyalektik akıl, düşünce ile düşünce nesnesi olarak insan arasındaki ilişki, başka bir ifadeyle, bir varlık olarak insanla, insana ilişkin bilgi arasındaki hareketli ilişki iken, analitik akıl, bir varlık alanı olarak doğayla ya da doğadaki nesnelerle, bu nesnelere ilişkin bilgi arasındaki ilişkidir. "Böylelikle doğa yasalarının evrensel ve saf şeması olarak analitik akıl, ancak sentetik olan bir dönüşümün sonucu, ya da başka bir ifadeyle, diyalektik aklın belli türden pratik bir anı olabilir" (Sartre 1985a:174).

Sartre'a göre "diyalektik akıl, analitik aklı aşar ve kendinde onun aşılışını ve ona özgü eleştiriyi taşır" (1985a:157-158). Çünkü analitik akıl, ancak, kendi anlaşılabilirliğini (l'intelligibilité) kendinde taşıyan tek akıl olan diyalektik akıl aracılığıyla anlaşılabilir. Analitik akıl, temelini ve anlaşılabilirliğini ancak diyalektik akılda bulabilir. Bu durumda diyalektik akıl, her an, dışsallıkla doğal dışsallık arasındaki ilişki olarak analitik ya da pozitivist aklı destekler, yönetir ve her defasında yeniden ortaya çıkarır (Sartre 1985a:174).

İnsan ile insana ilişkin bilgi arasında akış halindeki tamlaşma hareketi olarak diyalektik aklın bu akıştaki anları, sırasıyla, meydana getiren akıl ile meydana getirilmiş akıldır. Bir bütün olarak diyalektik akıl, insan topluluklarının meydana getiren ve meydana getirilmiş aklı olarak tanımlanabilir (Sartre 1985a:183). Sartre'a göre "meydana getiren akıl ile meydana getirilmiş akıl arasındaki fark iki kelimeyle özetlenebilir: Meydana getiren akıl, pratik bir organizmanın anlaşılabilirliğini kurarken, meydana getirilmiş akıl bir örgütlenmenin (la organisation) anlaşılabilirliğini kurar" (1985a:183). Bu noktada önemli olan, çalışma yaşamındaki bireysel ve soyut praksis olarak meydana getiren diyalektik akıldan hareketle meydana getirilmiş diyalektik aklın anlaşılabilirliğini kurmaktır. Başka bir ifadeyle amaç, eşzamanlı (synchronique) yapılardan ve onların çelişmelerinden (ya da çatışmalarından) hareketle tarihsel değişmelerin artzamanlı (diachronique) anlaşılabilirliğini araştırmaktır (Sartre 1985a:183).

Sartre, akış halindeki tarihsel tamlaşma hareketi olarak diyalektik aklın bu anlarını, tamlaşma hareketinin temel yapı taşının praksis olması ve praksis'in ilerleyişinin de diyalektik bir ilerleyiş göstermesi nedeniyle, kimi zaman meydana getiren praksis ile meydana getirilmiş praksis, kimi zaman da meydana getiren diyalektik ile meydana getirilmiş diyalektik olarak adlandırır. Ancak Sartre, bu şekilde belirlediği diyalektik tamlaşma hareketinin anları arasına, diyalektik karşıtı olan ve antidiyalektik olarak nitelendireceği antidiyalektik anı da koyar. Böylece ona göre, diyalektik tamlaşmanın ya da tarihsel ilerleyiş hareketinin üç anı vardır: Meydana getiren diyalektik, antidiyalektik ve meydana getirilmiş diyalektik.[1]

Sartre'da "ontolojik açıdan diyalektik akıl, akış halindeki tamlaşmanın gerçekleştiği yerdir" (1985a:163). Epistemolojik açıdan diyalektik akıl ise, bu tamlaşmanın bilgisi, hareketini tamlaşma ilkeleri doğrultusunda gerçekleştiren bilgidir (Sartre 1985a:163). Başka bir ifadeyle, bir "akıl" olarak diyalektik, tarihsel tamlaşmayla bu tamlaşmanın bilgisi arasındaki ilişkidir. Tarihle bilgi arasındaki hareketli ilişki olan diyalektik aklı, her çağda yeniden kuran kişi ise diyalektikçidir. Diyalektikçi, içinde yaşadığı tarihsel anı ve geçmişi anlayan ve buna dayanarak dünyayı olması gerektiği gibi tanımlayan ya da tarihi nesneleştirerek bir çağı geçmiş ve gelecekle ilişkisinde anlaşılabilir kılan kişidir. O, "kendini bir sistem içine yerleştirir ve bir aklı tanımlar" (Sartre 1985a:140) ya da diyalektik aklı kurup ortaya koyar.

Bu nedenle Sartre'a göre, tarihsel tamlaşma hareketiyle diyalektikçi arasındaki ilişki olarak diyalektik akıl, ancak tarih ve toplum dünyasında geçerliliğe sahiptir. Başka bir ifadeyle "yalnız tarih ve toplum dünyasında hakikaten bir diyalektik akıl vardır" (Sartre 1985a:151). Bilgilerimizin bugünkü durumu, doğada diyalektiğin olup olmadığını bilmemizi sağlayamaz (Sartre 1985a:151). Doğanın diyalektiği anlayışı, her durumda ancak metafizik bir hipotezin konusu olabilir (Sartre 1985a:152). Oysa diyalektik, ne tanrısal bir yasa, ne de metafizik bir yazgıdır (Sartre 1985a:154); ne diyalektiğin yasalarını diyalektik olmayan bir yolla doğadan çıkararak doğanın diyalektiği anlayışını temellendirdiğini sanan Engels'in tasarladığı türden insansız bir diyalektik (Sartre 1985a:153), ne de Kant'ın kategorileri gibi, kendini olgulara ve

[1] Diyalektik tamlaşma hareketinin anlarıyla ilgili ayrıntılı bilgi İkinci Bölüm'de verilecektir. Burada yalnızca bu anlar, diyalektik aklın yapısıyla ilişkisinde ele alınmaktadır.

fenomenlere zorla kabul ettiren türden bir diyalektik söz konusu olabilir. Çünkü "diyalektik kendi nesnesinin eşsiz serüvenidir" (Sartre 1985a:155)[1].

Bu noktada Sartre'ın doğanın diyalektiği anlayışını tarihsel materyalizm-diyalektik materyalizm ayrımı çerçevesinde eleştirdiği görülür. Ona göre insanlık tarihinin tek geçerli yorumu olan "tarihsel bir materyalizm vardır ve bu materyalizmin yasası diyalektiktir" (Sartre 1985a:152). "Tarihsel materyalizm kendini diyalektik rasyonalitenin ortamında ispatlar" (Sartre 1985a:158). Böyle olmakla birlikte, tarihsel materyalizmin paradoksal bir karakteri vardır. Bu materyalizmde bir yandan tarihin tek bir hakikati varken, öte yandansa hakikat tam bir belirlenmemedir (Sartre 1985a:138). Tarihsel materyalizme göre, tarihsel hakikati, onun doğasını ve geçerlilik alanını, praksis'in diyalektik bir şekilde geliştiği tarihsel süreç belirler (Sartre 1985a:138-139).

"Diyalektik materyalizm (ise) bir doğa diyalektiği kurma savındadır" (Sartre 1985a:145). Bu materyalizm, insan bilgilerinin genel bir sentezini kuran bir girişim olmak yerine, olguların basit bir düzenlenimini gerçekleştirir. Dışın diyalektiği ya da

---

[1] Aynı konuyla ilgili olarak Sartre, 7 Aralık 1961'de Mutualité'de (Paris) "Diyalektik, yalnız bir tarih yasası mıdır, yoksa aynı zamanda bir doğa yasası mıdır?" konulu açık oturumda şunları söyler: Günümüzde, bulunduğumuz koşullar içinde tarihin diyalektiğinden söz etmeye hakkımız olduğu gibi, doğa diyalektiğinden de söz edebilir miyiz? (Sartre Tarihsiz:17)...Başta Hegel, sonra diğerleri, daha sonra Marx ve Engels gibi, tarihsel diyalektiği doğaya doğru genişletmek istemişlerdir; diyalektik materyalizm deniyor buna. Diyalektik materyalizm, bizim doğa diyalektiği dediğimiz şeydir. Kazanılan bilgilerin tümü, maddenin diğer yapılarına aynı metot uygulanmadan anlaşılamaz ve derinleştirilemez gibi geliyor bazı Marksistlere (Sartre Tarihsiz:22)...Bulunduğumuz seviyede bana, doğa diyalektiğinin filozofları değil de bilginler (bilim adamlarını) ilgilendirdiği karşılığı verilebilir ve zaten ben de o kanıdayım. Doğal oluşumun diyalektik tipten olup olmadığını söylemek bilginlere düşüyor... Fakat bizim için gerekli olan, bilgini bilim yaparken sorguya çekmektir" (Sartre Tarihsiz:25). Bilginlere şu iki soruyu sormak isterim: Doğa içinde oluş halinde tamlar ya da tamlaşmalar var mıdır? Doğayı yapan bir bütünün tamlaşması var mıdır? Organizmanın hareket halinde bir tamlaşmış olan olduğu, ama onu bir tamlaşmış olan olarak incelemek için elimizde gerekli araçların bulunmadığı ortadadır. Diyalektik metot da, şimdiye kadar organizmanın maddesel olgularını yorumlamak için gerçekten işe karışmamıştır (Sartre Tarihsiz:26). "Fiziko-şimik sistemler söz konusu olduğunda, olguları içten kavrayamayacak kadar çok seviyelerle ayrılmış oluruz o sistemlerden; onları hep dışardan görürüz. Bu olgular, varlık yönünden prensip olarak bizim dışımızdadırlar; çünkü, onları hep belli bir uzaklıktan kavrayabiliyoruz; bu tip bilgimiz hiç de mekanik değildir, fakat sözcüğün derin anlamıyla diyalektik bilgi de olmuyor o (Sartre Tarihsiz:28)...Doğa diyalektiği olabilmesi için, doğanın bir tamlık olması gerekir" (Sartre Tarihsiz:29). Doğadaki tamlaşmalar, kendiliklerinden olan tamlaşmalar olmayıp, tarihsiz ve yasası dış çevre olan yapılardır. "Demek ki, diyalektiği doğaya taşımak ileri sürülürse, ortadan kaybolan şey diyalektiğin ta kendisi oluyor (Sartre Tarihsiz:32)...İnsan evreni, bizim yarattığımız ve bizi yaratan evrendir; orada

aşkın olan bu diyalektik anlayışa göre, diyalektik evrensel bir tamlaşma özelliğine sahiptir; bu nedenle kısmi tamlaşmaların hiçbir geçici değeri bile olamaz. Doğada hiçbir kısmi tamlaşma yoktur. Herşey doğa tarihinin ve maddesel olguların tamlaşmışlığı düşüncesine dayanır. İnsanlık tarihiyse doğa tarihinin bir belirlenimidir (Sartre 1985a:146).

Sartre'a göre, bir materyalizm olacaksa bu materyalizm, tarihsel bir materyalizm, yani aşkın bir materyalizm değil, içkin bir materyalizm olmalıdır (1985a:151). Çünkü dış dünyadaki dışsallık (la extériorité) ilişkileri her zaman rastlantısaldır; oysa insanlararasındaki içsel ilişkiler, açık bir şekilde gözükmemekle birlikte temel ilişkilerdir (Sartre 1985a:155).

Sartre'a göre doğanın diyalektik bir yapıya sahip olduğunu ileri süren bir anlayış şu iki soruya cevap veremeyecektir: Niçin doğal dünyada ya da insanlık tarihinde negasyon diye bir şey vardır? Bir sav niçin ve hangi koşullarda negasyonun negasyonu olarak ortaya çıkar? (Sartre 1985a:197). Burada Sartre'ın eleştiri oklarını yönelttiği kişi ise Engels, özellikle de onun negasyonun negasyonu yasasıdır.

Sartre'a göre, Engels'in doğa ve toplumun tarihsel ilerleyişini belirleyen genel yasalar olarak gördüğü, Hegel'in ise düşünmenin yasaları olarak geliştirdiği üç yasa, yani niceliğin niteliğe ve niteliğin niceliğe dönüşümü yasası, karşıtların iç içe geçmesi yasası ve negasyonun negasyonu yasası ile ilgili olarak Hegel ve Engels'in hatalı yaklaşımlarının temel nedeni, bu yasaları doğrudan doğadan ve tarihten çıkarmak yerine, düşünmenin yasaları olarak doğaya ve tarihe dışardan zorla kabul ettirmeye çalışmalarıdır. Böyle olunca da şu sorular cevapsız kalacaktır: Neden üç yasa var da on ya da bir tek yasa yoktur? Niçin düşünmenin yasaları bunlar da

kendimizden bir şeyler yaratırız, o da başkalarını meydana getirir. Bu evrenden ayrılır ayrılmaz, ne kalır geriye? Analojiler. Doğanın tümü bir analojidir" (Sartre Tarihsiz:34).

başkaları değildir? Bu yasaların kaynağı nedir? Bu yasaları birleştirmenin ve aralarında hiyerarşik bir düzen kurmanın bir aracı var mıdır? (Sartre 1985a:150)[1].

Görüldüğü gibi, Sartre diyalektik aklın eleştirisiyle, yani böyle bir aklın varolduğunu göstermesi ve sınırlarını belirlemesiyle, temelde diyalektiğin sınırlarını belirlemektedir. Onda diyalektik yalnız tarih ve toplum dünyasında geçerliliğe sahiptir. Başka bir ifadeyle, ancak pratik bir organizma olarak insanın bulunduğu yerde diyalektiğin varlığından söz edilebilir. Sartre belli türden insan ilişkilerinin bir özelliği olarak gördüğü diyalektiği ortaya koyma aşamasındaki ilk adımını ise aklı, bilgi ile varlık arasındaki ilgi olarak tanımlayarak, yani bilgi ve varlığı birbirinden ayırarak atar. Daha açık bir ifadeyle, Sartre bilginin varlığa indirgenemeyeceği ve eğer bilgi, herhangi türden bir varlık tarzına indirgenirse yok olacağı (1985a:153) düşüncesi temelinde diyalektik anlayışını ortaya koyar. Onda "varolmak bilmenin negasyonudur ve bilme, varlığını varolmanın negasyonundan çıkarır" (Sartre 1985a:154).

Sartre açısından kendi diyalektik anlayışı, Hegel'in diyalektik anlayışıyla, onun bilgiyle varlığı iç içe kabul eden diyalektik anlayışla karşıtlık göstermektedir. Oysa ona göre, Hegel'deki bilme, varolma ve yapma özdeşliğine karşı, Marx'ın maddesel varlığın bilgiye indirgenemez olduğunu ileri sürmesi, Marx'ın felsefesi için önemli bir dönüm noktası olmuştur (1985a:143).

"Marx'ın özgünlüğünü oluşturan şey, Hegel karşısında şüphe götürmez bir şekilde tarihin akış halinde olduğunu, varlığın bilgiye indirgenemeyeceğini

[1] Aynı konuyla ilgili olarak Sartre, diyalektik üzerine Paris'te yapılan açık oturumda şunları söyler: "Örneğin, biliyorsunuz ki Engels 'bunlar üç diyalektik yasadır' diyor. Gerçeği söylemek gerekirse, bence haksız Engels; diyalektik yasalar üç değil, on değildir; kendi kendine belirlenen diyalektikler vardır. Söyleyelim bu yasalardan birini; örneğin 'olumsuzluk olumsuzluğu' (negationun negationu) -ki bu da olumluluk olur- Olumsuzluk olumluluğu ancak bir tümleme (tamlaşma) içinde olumluluk sonucu verir. Zıtlıkların karşıtlığı, yalnız bir tamlaşma sırasında, kısımların (parçaların) bütüne, bütünün parçalara, parçaların parçalara ve bütünün kendi kendisine karşıt oluşuyla anlam kazanır. Ondan sonra, nicelikten niteliğe (ve tersi) geçişi anlayabiliriz: nicelik artık bayağı bir toplam değildir; tamlaştırıcı bir oluşum içinde kendine özgü bir yapıdadır" (Sartre Tarihsiz:21).

ileri sürmesi ve varlıkta olsun bilgide olsun diyalektik hareketi korumayı istemesidir" (Sartre 1985a:142) .

Sonuç olarak, Sartre'a göre, insanın diyalektik bilgisi Hegel ve Marx'tan sonra yeni bir rasyonaliteyi gerektirmektedir. Bu rasyonaliteyi de bugüne kadar hiçkimse eylemlerimiz temelinde kurmaya yanaşmadı (Sartre 1985a:89). Bu durumda bir seçim yapmak gerekir. Ya her şeyi özdeşliğe (l'identité) indirgeyerek diyalektik materyalizmin yerine mekanik bir materyalizmi koymalıyız; ya diyalektiği kendini evrene zorla kabul ettiren göksel bir yasa, kendi kendine tarihsel süreci oluşturan doğaüstü bir güç (ki bu Hegelci idealizme düşmektir) olarak görmeliyiz; ya da insana, işi ve eylemi aracılığıyla durumunu aşması için gücünü yeniden vermeliyiz. Sartre'a göre yalnız bu son çözüm bizi tamlaşma hareketini gerçeklikte temellendirmeye yetkili kılmaktadır.

"Diyalektiği insanların doğayla ilişkisinde, 'başlangıç koşullarıyla' ilişkisinde aramalıyız. Diyalektik insan projelerinin karşı karşıya gelerek başlangıçlarına ulaştıkları yerde bulunur" (Sartre 1985a:81).

1.3. Bir Metot Olarak Diyalektik

Sartre'a göre diyalektik, ancak varlığın rasyonel yapısı ve anlaşılabilirliğinin yasası olarak zorunlu olduğu ölçüde metot olarak etkili olacaktır (1985a:151). Bu nedenle "rasyonalite olarak diyalektik, kendini doğrudan ve gündelik deneyimde, hem olguların nesnel bağı, hem de bu bağı bilme ve sınırlama için metot olarak ortaya koymalıdır" (Sartre 1985a:153). Sartre, diyalektik rasyonalite derken de praksis'in rasyonalitesini kastetmektedir (1985a:157). Ona göre diyalektik aklı, praksis'in, tamlaşmanın ve toplumsal geleceğin rasyonalitesi olarak kurmamız gerektiğinde, bunu diyalektik aklın zorunluluğunda temelini bulan praksis'imizle gerçekleştirmemiz gerekir (Sartre 1985a:157). Çünkü diyalektik akıl, ancak belli bir zamanda ve toplumdaki insanların praksis'iyle kendini kurar (Sartre 1985a:151). Sartre'a göre,

> "Diyalektik, bir metot ve nesnenin içinde bir hareket etmedir; temelini diyalektikçide, gerçeğin yapısı ve eylemimizin yapısıyla ilgili şu temel tezde bulur; bilginin sürecinin diyalektik bir düzeni vardır; nesnenin (bu nesne ne olursa olsun) hareketinin kendisi diyalektiktir ve bu iki diyalektik bir tek diyalektiği meydana getirir" (Sartre 1985a:140).

Ama Sartre'ın sözünü ettiği diyalektik metot nasıl bir metottur? Onu diğer metotlardan ayıran temel fark nereden kaynaklanmaktadır? Diyalektik akıl ile bu metot arasında nasıl bir ilişki vardır? Bu ve benzeri sorulara Sartre "Metot Sorunları" ana başlığı altında yayımladığı "Dolayımlama ve Yardımcı Disiplinler Problemi" ile "İleriye Yönelik-Geriye Dönük Metot" adlı makalelerinde cevap vermeye çalışır. Bu makalelerde Sartre, daha önce kendisinde somut bir antropolojinin eksikliğini gördüğü Marx sonrası marksizmi bir de metodu bakımından eleştirir. Ona göre Marx sonrası marksizmin temel yanılgısı kullandıkları metottan kaynaklanmaktadır. Bu nedenle "metodu bulmalı ve bilimi kurmalıyız" (Sartre 1985a:40).

Sartre'a göre, Marx sonrası marksizmin metodu bizi tatmin etmekten uzaktır. Çünkü bu metot a priori bir metottur. Başka bir ifadeyle bu metot, kavramlarını önceden kurmuş olup, onların doğruluklarından şüphe duymamakta ve bu kavramlara kurucu şemalar rolünü vermektedir. Tek kelimeyle, bu metodun tek amacı olayları, kişileri ya da düşünme edimlerini önceden kurulu kalıplara girmeye zorlamaktadır (Sartre 1985a:41). Örneğin Valéry, bir küçük burjuva aydınıdır, buna şüphe yoktur. Böyle olmakla birlikte, her küçük burjuva aydını da Valéry değildir. İşte, Marx sonrası marksizmin bulgulamaktaki eksikliği bu iki cümlede yatmaktadır. Marksizm, kişiyle bu kişinin belli bir tarihsel anda, belli bir toplumda ve sınıfta ortaya çıkmasına yol açan süreçleri kavramaya olanak sağlayacak bir dolayımlamalar aşama sırasından yoksundur. Marksist kişi Valéry'yi bir küçük burjuva ve yapıtını da idealist olarak nitelendirmekle, her iki durumda da onda yalnız kendi koymuş olduğu şeyi bulmaktadır. İşte bu eksikliğinden dolayı, bunu yapmakla o, söz konusu olguyu rastlantının yalın bir sonucu olarak görerek yakasını özgün olandan kurtarmış (Sartre 1985a:53); yıllarca kazandığı deneyimleri bir yana bırakarak, ince ayrıntıları hesaba katmayarak, verileri kabaca yalınlaştırarak, ama her şeyden önemlisi ele aldığı olayı daha incelemeden bu olayı kavramlaştırma yoluna giderek partisine hizmet ettiğini sanmıştır (Sartre 1985a:32).

Sartre'a göre, işte bundan dolayı, Marx sonrası marksist açıklamalardaki o sıkıcı yenilemeler sürüp gitmekte, diyalektik denilen şey fikir kıvılcımlarıyla karıştırılmaktadır (1985a:48). Daha çok bir eleme tasarısı olan bu marksist tutumun metodu terörle özdeştir. Çünkü bu metot, ayrıştırmayı (la différenciation) acımasız bir şekilde reddederek en az çabayla tam bir bütünlüğe ulaşmayı amaçlar (Sartre 1985a:48). Burada söz konusu olan şey, ayrıştırılmış şeye göreli bir özerklik tanıyarak onu bütüne katmak değil, daha çok onu ortadan kaldırmaktır. Bu da her şeyi birbiriyle özdeşleştirerek iş görmeye alışmış bürokrat nitelikli kişilerin biraraya getirici eylemini ya da her şeyi bir kalıba sokma eğilimini yansıtmaktadır (Sartre 1985a:48).

Bu marksistlerin çoğu için düşünmek, tamlaşma savı doğrultusunda tikel olanın yerine tümel olanı koymaktır. Onlara göre, bu tür düşünme bizi, temel ama soyut olan belirlemelerden somut olana götürecektir (Sartre 1985a:48). Başka bir ifadeyle onlar bu yolla, tikel olanı tümel olanda çözündürdüklerinde görünüşü gerçekliğe indirgediklerine inanmaktadırlar. Sözgelimi, burjuva düşüncesini anlamaya çalışmanın boş yere vakit geçirmek olduğuna inanan marksistlere göre, önemli olan tek şey, bu düşüncenin bir idealizm tarzı olduğunu göstermektir. Oysa Sartre'a göre, Marx bu sahte tümellikten (la universalité) o denli uzaktı ki, insana ilişkin bilgisini, diyalektik bir biçimde, yani en geniş belirlemelerden en açık ve kesin belirlemelere doğru ileriye yönelik bir biçimde oluşturmaya girişiyordu (1985a:49). Marx bu metodunu soyuttan somuta yükselen bir araştırma olarak tanımlıyordu. Ona göre somut olan, hiyerarşik gerçekliklerin ve belirlemelerin hiyerarşik tamlaşmasıydı. İşte Marx bu tamlaşma adına, üst yapıların (les superstructures) alt yapıya (la infrastructre) ilişkin olgular üzerindeki eylemini ortaya koymaya çalışacaktı (Sartre 1985a:49).

Oysa Sartre'a göre, Marx sonrası marksizm metot olarak Pavlov'un psikanalizmini kullanmakta, bununla da insan yaşamının bütün somut belirlemelerini rastlantıya bırakmaktadır (1985a:70). Çünkü her ne kadar psikanalizm, diyalektik bir tamlaşma doğrultusunda, bir yandan nesnel yapılara ve maddesel koşullara karşılık gelirken, öte yandan da hiçbir zaman aşamadığımız çocukluğumuzun yetişkin yaşamımız üzerindeki etkisini araştırma konusu yapsa da (Sartre 1985a:58), bize hiçbir yeni açıklama ilkesi getirmemektedir (Sartre 1985a:59). Psikanalizm, bireyin çevresi ya da sınıfıyla doğrudan ve güncel ilişkisini dikkate almadan, bireyin belli bir toplum katmanının üyesi olarak kendini gerçekleştirmesine yardımcı olan davranış biçimine tarihselliği ve olumsuzluğu (la négativité) katmaktadır (Sartre 1985a:59). "Gerçekte bu metot, her şeyden önce çocuğu, belli bir toplumdaki aile ilişkilerinde yaşadığı biçimiyle inceleme konusu yapar" (Sartre 1985a:56). Psikanalizm, karanlıkta el yordamıyla yolunu arayan çocuğa, yetişkin kişilerin ona isteği dışı benimsettikleri toplumsal rolü, çocuğun bu rolün içinde boğulup boğulmadığını, bu rolden kaçmak isteyip istemediğini ya da bu rolü bütünüyle benimseyip benimsemediğini göstermektedir. Yalnızca psikanalizm yetişkin kişide tam insanı bulmamıza ve söz konusu insanın yalnız bugünkü belirlenimlerini değil, aynı zamanda geçmişinin ağırlığını da ortaya çıkarmamıza olanak sağlamaktadır. O, varoluşçulukla ilişkisinde varoluşçuluğa insanın çocukluğundan beri yitirmiş olduğu durumları araştırma konusunda yardımcı olmakla birlikte, bunun ötesinde varoluşçuluğun ileriye yönelik andaki bakışına herhangi bir katkıda bulunamaz (Sartre 1985a:59).

Böyle olmakla birlikte Sartre'a göre, sosyoloji ve tarihi diyalektik materyalist anlayış yörüngesine sokmada yalın ve kusursuz bir metot ortaya koymuş olan kişi, bir marksist olan Henri Lefebvre'dir. Lefebvre araştırmasına, ilkin bir köy topluluğunun yatay bir karmaşıklık içinde ortaya çıktığını belirleyerek başlamakta, ancak bu yatay karmaşıklığın dikey ya da tarihsel karmaşıklık denilen bir karşılığı olduğunu da eklemektedir (1985a:50). Lefebvre'e göre, dünyanın köysel kesimlerinde çeşitli yaşlara ve tarihlere ait oluşumların birarada bulunduklarını gözlemlemekteyiz. Örneğin, Amerika'nın köy gerçeğini empirik ve istatiksel olan sosyoloji değil, yalnızca tarih açıklayabilir. Şehirlerin çok daha önceleri kurulmuş olduğu bir zamanda Amerika'ya gelen göçmenler, kimsenin oturmadığı topraklara gelip bu toprakları işgal etmişlerdi. Oysaki Avrupa'da şehirler köysel yerleşim alanlarının ortasında gelişmiştir. Amerika Birleşik Devletleri'nde dar anlamda bir köy kültürünün olmayışının ya da başka bir ifadeyle, bir şehir kültürü biçiminde oluşunu da bu aynı nedene bağlayabiliriz.

Lefebvre, böylesi bir karmaşıklığı ve ilişkiler karşılıklığını araştırma yolunda, söz konusu ilişkiler içinde kaybolmaksızın birçok aşamadan oluşan yardımcı teknikleri kullanarak çok basit bir metot önermektedir (Sartre 1985a:50).

a) Betimleyici (Descriptif): Deneyden ve genel bir teoriden edinilmiş bakış açısıyla yapılan gözlem

b) Analitik-Geriye Dönük: Gerçekliğin çözümlenmesi. Bu gerçekliği tam olarak tarihlendirme çabası

c) Tarihsel-Kalıtımsal: Şimdiyi aydınlatılmış, anlaşılmış ve açıklanmış biçimiyle yeniden ortaya çıkarma çabası.(Henri Lefebvre: "Perspectives de sociologie rurale" Cahiers de sociologie, 1953)

Sartre'a göre Lefebvre'in bu metodu, gerek fenomenolojik betimleme aşamasıyla, gerekse ilerleme (la progression) sonrasındaki çifte gerileme (la régression) hareketiyle antropolojinin bütün alanlarında geçerli olabilecek bir metottur. "Çünkü bu metot buldurucu (euristique) bir metottur ve yalnız bu metot bulgunun kendine özgülüğünü belirleyerek karşılaştırmalar yapabilir" (Sartre1985a:51). Bu noktada Sartre açısından tek hayıflanılacak şey, bir marksist olarak Lefebvre'in diğer marksistler arasında kendisiyle aynı görüşte kişiler bulamamış olmasıdır.

Sartre'a göre Marx'ın metodu ileriye yönelikti. Ancak bugün bu marksist ilerleme anlayışı tehlikeli sonuçlar doğurmaktadır. Marx'ın bu ilerleme metodundan tembel marksistler, gerçeği a priori olarak kurmayı sağlamak, siyaset bilimciler ise olmuş bitmiş olanın aynen olduğu gibi olması zorunluluğunu kanıtlamak için yararlanmaktadırlar. Ama onlar bu saf sergileme metoduyla hiçbir şey başaramazlar. Çünkü onlar daha başlangıç aşamasında bulmaları gereken şeyi önceden biliyorlardır. Oysa "bizim metodumuz buldurucudur[1]. Bu metot hem ileriye yönelik, hem de geriye dönük olduğundan bize yeni şeyler öğretebilir" (Sartre 1985a:103). İnsanı kendine özgü çerçevesi içinde ele alan metot da yine bu buldurucu metottur. Marksistlerin özen gösterdiği gibi bu metodun da özen gösterdiği ilk şey, insanı kendine özgü çerçevesi içinde ele almaktır (Sartre 1985a:103).

Bu buldurucu metodun, bir "gel-git" ten başka bir aracı yoktur. (Sartre 1985a:104) Buldurucu metot, ileriye yönelik bir şekilde bir yandan çağı derinleştirerek kişinin biografisini, diğer yandan biografiyi derinleştirip çağı aydınlatarak iş görür. Öyle ki, bu metot, bu iki şeyi hemen birbiriyle bütünleştirmek yerine, karşılıklı içermelerini kendileri sağlayıncaya ve araştırmada geçici bir sonuca ulaşıncaya dek onları birbirinden ayrı tutacaktır (Sartre 1985a:104). Bu nedenle, bir kişinin yaşamını inceleme söz konusu olduğunda, buldurucu metot, biografiye sadık kalarak şeyleri birbirinden ayırt edecek şekilde göz önünde bulundurmak zorundadır (Sartre 1985a:107).

[1] Sartre'a göre bu buldurucu metodun ilkesi, bütünü parçaları içinde araştırmaktır (1985a:35).

Örneğin, edebiyat tarihinde realizmin babası olarak görülen Flaubert üzerine bir inceleme yapmak istiyorum. Flaubert'in şu cümleyi söylediğini öğreniyorum: "Madam Bovary, benim". Bununla birlikte Flaubert'in yaşamının hangi döneminde olursa olsun, herhangi bir cinsel sapkınlığı olmamasına karşın, Baudelaire gibi ince duygulu ve kadınsı bir mizaca sahip olduğunu; doğuya yaptığı bir yolculuk sırasında, yaşamını Hollanda'da sürdüren, sürekli kurduğu düşlerle kendini yiyip bitiren ve sanat anlayışının bir simgesi olarak gördüğü gizemli bir kızın öyküsünü yazmayı düşlediğini; hastalandığında doktorların kendisine huysuz yaşlı bir kadınmışçasına davranmalarının Flaubert'in belli belirsiz çok hoşuna gittiğini de öğreniyorum. Bu durumda yapıtın kendisi, yani yazınsal imgeler göz ardı edilmeden şu soruları sormak gerekecektir: "*Madam Bovary*'nin yazarı kendini niçin bir kadına dönüştürmekte ve bu başkalaşım onda ne gibi bir imge taşımaktadır?" ya da "19. yüzyılın ortasında, erkeğin kadına bu sanatsal dönüşümü ne anlama gelmektedir?" ve son olarak "Gustave Flaubert'in söz konusu olanaklar alanı içinde kendini bir kadın olarak ortaya koyabilmesi için nasıl bir kişiliğe sahip olması gerekmektedir?" Bu soruların temelindeki soru da Kantçı terimlerle şu şekilde ortaya konabilir: "Deneyimin kadınsallaştırılması hangi koşullarda olanaklıdır?" Bu sorulara verilecek cevap ise her türlü biografiden bağımsızdır. Ancak şu soru gündeme geldiğinde artık yazarın biografisine, yani doğrulanmış gerçeklere başvurmak gereklidir: "Bir yazar nasıl bir kişiliğe sahip olmalı ki, kendini yapıtında ilkin gizemli bir keşiş olarak gösterdikten sonra kararlı ve "biraz erkeksi" bir kadın olarak nesnelleştirebilsin?" Bu noktada elbette ki yapıt, yaşama sorular yöneltmekte, yaşamdan köklenmekte ve yaşamı aydınlatmaktadır; ancak yapıt yine de tam açıklanışını yalnız kendinde bulmaktadır. Yapıt incelendiğinde ise biografiyi aydınlatacak bir varsayım ve bir araştırma metodu olmaktadır (Sartre 1985a:108).

Sartre'a göre yapıtla yaşam arasında her zaman için bir kopukluk söz konusudur. Yapıt, Flaubert'in narsizmini, yalnızlığını, bağımlılığını, kadınsılığını ve edilgenliğini ortaya çıkarır ama bu özellikler yeri ve zamanı gelince birer sorun olurlar. Bu kopukluğu olabildiğince gidermek için de geriye dönük bir bakışla, örneğin Flaubert'in çocukluğuna, çocuk Flaubert'ce yaşanmış ve reddedilmiş olan aile bağlarına bakmak gerekir. Bu aşamada, yapıta sürekli olarak başvurulmalı ve yapıtın biografik bir gerçeklik içerip içermediği bilinmelidir. Ancak şu nokta unutulmamalıdır ki, yapıt biografinin gizlerini tam olarak ortaya çıkarmaya olanak verecek bir şema ya da ipucu işlevi göremez (Sartre 1985a:109).

Sartre, metodunun bir ayağını oluşturan geriye dönük andaki bakışın gerekliliğini, insan yaşamında çocukluk döneminin önemini vurgulayarak temellendirir. Ona göre yaşayarak her an aşmakta olduğumuz veriler, varlığımızın yalnız maddesel koşullarıyla sınırlanmış değildir. Buna çocukluğumuzu da katmalıyız. Çünkü çocukluk dönemi, ilerideki yaşamımızın belirleyicisi olacak karakterin şekillendiği ilk dönemdir. Çocukluk döneminde ailemiz aracılığıyla, sınıfımızın ve toplumsal koşullanmamızın hem belirsiz bir bilincine varış, hem de bu durumun ötesine kör bir gidişi yaşarız. Yaşamın bu düzeyinde öğrenilen davranışlarla, bizi kendimize tamlayan ve ayrı düşüren çelişmeli davranışlar ortaya çıkar. Yine bu düzeyde, ilk başkaldırılarımızın izleri, boğucu gerçekliği aşmak için yaptığımız umutsuz girişimler ve bunlardan sonuçlanan sapmalar ve bozukluklar da bulunmaktadır (Sartre 1985a:82). Örneğin bir eğilim olarak cimrilik araştırma konusu yapıldığında, tutulacak doğru metot, cimriliğe ait söz konusu somut özellikleri, iktisadi hareket temeline dayanarak araştırmak, ama bunu yaparken de özelliklerin özgün yapısının temelini oluşturan çocukluk dönemini gözden kaçırmamak gerekir. "Çünkü cimrilik, çocuğun, paranın ne olduğunu pek bilmediği ilk çocukluk yıllarından kaynaklanmaktadır" (Sartre 1985a:83).

Tekrar Flaubert ile ilgili örneğe dönüldüğünde, Sartre'a göre araştırmanın geriye dönük gerçekleştirilen aşamasında, bir dizi hiyerarşik imgeler bütünüyle karşılaşılmaktadır. Bu imgeler şunlardır: Madam Bovary, Flaubert'in "kadınsılığı", bir hastane binasında geçen çocukluk, çağdaş küçük burjuva sınıfında varolan çelişmeler, ailenin, mülkiyetin evrimi vb. Bu durumda, her imge diğer imgeyi aydınlatmakta ama imgelerin birbirlerine indirgemelerinde imgeler arasında tam bir art ardalık sağlanamamaktadır. Her tek imge, bir önceki imge için içeren bir çerçeve oluşturmakta, ancak içeren imge içerilen imgeden daha zengin olmaktadır. İşte Sartre'a göre, bu noktada ileriye yönelik andaki bakışı kullanmak gerekmektedir (Sartre 1985a:111).

Geriye dönük bakış aşamasında diyalektik harekete değil, yalnızca izlerine rastlanır. İleriye yönelik bakış ise, amaçlanan nesneleşmeye ulaşmak için diyalektiğin her anını bir önceki ana dayanarak zenginleştiren tamlaştırıcı hareketi ve bu hareketin temelinde olan proje[1]yi ortaya çıkarmaya çalışır. Sartre'a göre ileriye yönelik bir bakışta amaç, Flaubert'in küçük burjuva sınıfından kaçmak için çeşitli olanaklar alanı boyunca, kaçınılmaz bir biçimde kendini *Madam Bovary*'nin yaratıcısı ve olmayı reddettiği o küçük burjuva olarak ortaya koyduğu projeyi yeniden bulmaktır. Her projede ise bir anlam saklıdır. İnsan bu proje aracılığıyla dünyadaki üretimini belli bir nesnel bütünlük, yani anlamlı bir bütünlük olarak amaçlar (Sartre 1985a:111). Flaubert'in amaçladığı şey, yalnızca bir yazma kararı değil, dünyadaki varlığını özgün bir yoldan gösterebilmek için tuttuğu belli bir tarzdaki yazma kararıdır. Bir realist olarak tanınmasına karşın Flaubert realizmden nefret ediyor ve bu tutumunu bütün yaşamı boyunca da yeniliyordu. O, sanatın yalnız mutlak saflığını seviyordu. Ama Sartre'a göre, o zaman şunu sormak gerekir: Halk neden acaba Flaubert'teki bu örtük metafiziği ve realizmi sevdi ve aslında kılık değiştirmiş zavallı bir adamdan başkası olmayan bu hayranlık uyandırıcı kadın karakterine (Madam Bovary) ne diye bu denli önem verdi? Bu noktada Sartre'a göre Flaubert, döneminin kendisine kazandırdığı başarının etkisiyle, yapıtının kendinden uzaklaştığını görmekte ve artık yapıtını tanıyamamakta, bu yapıt bütünüyle ona yabancı kalmaktadır. Bununla da Flaubert kendine özgü nesnel varoluşunu birdenbire yitirmektedir. Ama yine de yapıt, aynı zamanda, dönemi üzerinde yeni bir ışık tutmakta, tarihe yeni bir soru yöneltmeye olanak vermektedir. Söz konusu soru ise şudur: Bu dönem nasıl bir dönemdir ki, özellikle bu kitabı isteyebilmiş, bu kitapta kendi imgesini yalana saparak bulabilmiştir? İşte bu noktada tarihsel eyleme ilişkin yanlış bir anlamayla karşı karşıya kalınır. Tarihin bu çelişmeyi aştığı gösterildiğinde de, insanın ve zamanın diyalektik tamlaşmada bütünleşeceğini söylemek sonuç olarak yeterli olacaktır (Sartre 1985a:113).

Sartre'a göre, ileriye yönelik bir bakışın temel amacı olan insan davranışlarını kavramak, yani davranışlardaki projeyi kavramak için de Alman psikiyatrların ve tarihçilerinin "anlama" (la compréhension) olarak adlandırdıkları şeye sahip olmak gerekir (1985a:115). Bu durumda "anlama" kelimesi her türlü amaçlı praksis'i (bireyin ya da grubun praksis'i) adlandırmak için kullanılır (Sartre 1985a:189). Anlamlar, yani projeler anlamayla kavranabilir. "Anlama" ne kendine özgü bir yetenek, ne de özel bir sezgi yetisidir. Anlama hareketi aynı anda hem nesnel sonuç doğrultusunda ileriye yönelik, hem de başlangıçtaki ilk koşula ulaşma doğrultusunda geriye dönüktür. "Anlama gerçek yaşamımdan başka bir şey değildir. Başka bir ifadeyle anlama, yakınımı, kendimi ve çevremi nesneleşme sürecinin sentetik birliği içinde biraraya getiren tamlaştırıcı harekettir" (Sartre 1985a:116). "Anlama, her türlü praksis'in tamlaşan kavrayışıdır" (Sartre 1985a:190).

Sonuç olarak Sartre'a göre, varoluşçu yaklaşım metodu ya da diyalektik metot, ileriye yönelik-geriye dönük ve analitik-sentetik bir metottur. Bu metot, aynı zamanda bütün bir çağı hiyerarşik anlamlar bütünü olarak içeren nesne ile nesneyi kendi tamlaşmasında içeren çağ arasındaki zenginleştirici bir gel-git'tir (Sartre 1985a:112). "Gel-git, bütün derinliğiyle tarihin nesneyi zenginleştirmesine katkıda bulunur ve tarihsel tamlaşmada nesnenin boş olan yerini belirler" (Sartre 1985a:111). Başka bir ifadeyle, diyalektik metot indirgemeyi reddetmekte, yapıları korurken aşmaktadır (Sartre 1985a:114).

---

[1] Sartre'a göre proje, "henüz olgunlaşmamış bir davranışın, hem kendisini belirleyen gerçek ve güncel etkenlere, hem de gelecekte var etmeye giriştiği belli bir nesneye göre belirlenmesi zorunluluğu" (1985a:76)

1.4. Tamlaşan Bir Etkinlik Olarak Diyalektik

Daha önce de vurgulandığı gibi, Sartre'ın diyalektiğinin iç içe olan üç anlamından, bir "akıl", bir metot ve ikisinin birliği olan bir etkinlik olarak diyalektikten söz edilebilir. Sartre'da en temelde bir akıl olan diyalektik, bilgiyle insan gerçekliği arasındaki ilgi, bilgiyle insan gerçekliği arasındaki tarihsel tamlaşmadır. Diyalektik akıl, tarihsel oluşla bu oluşun bilgisi, tarihsel oluşla düşünür -diyalektikçi- arasındaki ilişkidir. Her çağda yeniden kurmayı gerektiren bu ilişkinin yapı ilişkisi olarak bilgisi Sartre'ın "metot" olarak diyalektikten anladığıdır. Tarihsel tamlaşmayı anlamak için metot olarak diyalektik, analitik-sentetik ve ileriye yönelik-geriye dönük bir metottur. Bu son anlamıyla diyalektik onun tarih görüşü, tarihsel varlığın oluşmasıyla ilgili görüşüdür. Bu temel görüşün, geçerlilik sınırlarını çizmesi, Sartre'ın "metodoloji"si kendi ifadesiyle de diyalektik aklın eleştirisidir. Bu temel görüşüne dayanarak, tarihsel-toplumsal olayları "nesneleştirme"si ve açıklamaya çalışması, yani "metod"uyla "diyalektik aklı" dolaylı bir bilgi olarak ortaya koyması, onun bu aklı temellendirme çabasıdır: diyalektikçi olarak etkinliğidir. Bu etkinliğin ürünü ise, karşımıza bir toplum felsefesi görüşü olarak çıkar (Kuçuradi 1997:133-134).

Sartre "Tamlaşma Olarak Bireyin Praksis'i" üzerine düşüncelerini aktarırken şunu sorar: Tek tek bireyler varsa, o zaman tamlaşan kimdir ya da ne tamlaşır? (1985a:194). Ona göre bu soruya verilecek en doğrudan cevap şudur: Birey tamlaşan bir yapıya sahip değilse, o zaman bir kısmi tamlaşma taslağından bile söz edilemez. Çünkü "her tarihsel diyalektik, diyalektik olan bireyin praksis'ine dayanır" (Sartre 1985a:194).

Sartre'a göre "bir diyalektiğin olanaklılığının tek koşulu, bu diyalektiğin bizzat kendisinin diyalektik olmasıdır" (1985a:153). Bu nedenle diyalektik akıl, kendini ancak diyalektik bir şekilde kurabilir. Bu kurma işlemi de diyalektik aklın ontolojik

---

dur.

yeri olan tarihsel tamlaşmada, yani bireyin ya da grubun praksis'inde gerçekleşir. "Diyalektik praksis'in rasyonalitesi olduğundan" (Sartre 1985a:157), diyalektik aklı kurmak demek, tamlaşmanın, praksis'in rasyonalitesini kurmak demektir (Sartre 1985a:157).

Sartre'da "rasyonalite, bir yandan evrensel ve aşılamaz bir yasa, öte yandan saf ve yalın bir irrasyonalitedir" (1985a:151). Rasyonalitenin bu ikili yapısı nedeniyle Sartre göre, "diyalektik rasyonalite, zorunluluğun ve özgürlüğün sürekli ve diyalektik birliğidir (1985a:154). Zorunluluğun ve özgürlüğün bu birliği de varlığını, insanın yapı özelliğinden alır. Pratik organizma olarak insan, bir yandan zorunlu maddesel gereksinimleri gereği dış dünyada yaşayan diğer organizmalar gibi bir organizma; öte yandan özgür olarak eyleyen pratik bir varlık olarak işlenmiş maddeyi (la matiere ouvrée) üreten ve kullanan bir varlıktır (Sartre 1985a:186). İlk yanıyla insan biyolojik bir varlık, diğer yanıyla da toplumsal bir varlıktır. Bu da "bizi antropolojinin temel problemine, yani pratik organizmalarla inorganik madde arasındaki ilişkilere götürür" (Sartre 1985a:186).

Sartre'a göre diyalektik diye bir şey varsa, bu diyalektiği tamlaştıran tamlaşmanın önlenemez zorunluluğu olarak yaşamamız ve onun özgür kendindeliğinde kendimizi tamlaşan praksis olarak kavramamız gerekir. Başka bir ifadeyle, eylemlerimizin her düzeyinde kendimizi özgürlüğün ve zorunluluğun koparılamaz bağlılığı ve çelişmesi içinde buluruz. Bu bağlılık her an kendini farklı biçimlerde sunar. Yaşamımızı tarihsel kılmayı ya da tarihsel tamlaşma hareketine katmayı istiyorsak, o zaman onu kendi özgür gelişiminde tarihsel sürecin kesin zorunluluğu olarak yaşamalıyız (Sartre 1985a:184).

Sartre'a göre praksis'in rasyonalitesi olarak diyalektik, ancak pratik organizma olarak insanın amaçlı ve yaratıcı etkinlikler bütünü olan gündelik ve doğrudan praksis'inden hareketle kendini kurabilir (1985a:153). Başka bir ifadeyle "eylemin canlı mantığı olarak diyalektik" (Sartre 1985a:156) ancak praksis'in hareketinde kendini ortaya çıkarır. Buna göre, "belli bir tamlaşma kesiminde yaşayan tek insan, kendini tamlaşma hareketine katacak içselliğin (la intériorité) bağlarını kavrayabilir" (Sartre 1985a:167). Başka bir ifadeyle, diyalektik ancak içsellik bağları içindeki bir bireyde ya da daha dar anlamda diyalektikçide ortaya çıkar. Diyalektikçi, araştırmasını aynı zamanda hem bir bütün olarak çağının ideolojisine olanaklı bir katkı, hem de kendini belirleyen bir tarihteki kişisel ve tarihsel serüveniyle tanımlanmış bir bireyin özel praksis'i olarak yaşayan, özgür tamlaşan projedir (Sartre 1985a:156).

Her insan doğumundan ölümüne kadar kendini tamlaşma hareketinin içinde bulur. Bu durumda tarihin taşıdığı anlamların çokluğu, gelecekteki tamlaşma temele alınarak, ona göre konumlanarak ve onunla çelişerek ortaya çıkarılabilir. Bu durumda Sartre'a göre, insana düşen teorik ve pratik görev ise, bu tamlaşmayı her gün daha yakın kılmaktır (Sartre 1985a:75).

> "Bu çok anlamlı dünyadaki tarihsel görevimiz, tarihin yalnızca tek bir anlam taşıyacağı anı yakınlaştırmak ve tarihin yapılmasına ortak olarak katkıda bulunan somut insanlararasında onun çözüneceği zamanı hızlandırmaktır" (Sartre 1985a:75-76).

Sartre'a göre tarih insanı yaptığı ölçüde insan da tarihin yapılmasına katkıda bulunur. Bu da şu anlama gelir: İnsanlararasındaki ilişkiler her an, kurumlaşmış ve maruz kalınmış insani ilişkilerin aşılışı olduklarında, sahip oldukları etkinliklerinin diyalektik sonucudurlar. İnsanlar, ancak belli toplumsal koşullarda ve durumlarda varolabildiklerinden bütün insan ilişkileri tarihseldir. İnsani olan bu tarihsel ilişkiler de her zaman için praksis'in, yani aynı pratik alandaki etkinlikler çokluğunun doğrudan diyalektik sonucudur (Sartre 1985a:210).

Sartre'a göre insan, her şeyden önce belli bir durumun ötesine geçişiyle, kendini oluşturan şeyi yapmadaki başarısıyla seçkinleşir. Bu aşma olgusu insanın özüdür (1985a:76) ve bu öz de ancak varlığın olanaklarıyla kurduğu bir ilişki olarak düşünülebilir. "Gerçekte insanın ne olduğunu söylemek, aynı zamanda, onun ne olabileceğini de söylemek demektir ve bu tersi için de geçerlidir" (Sartre 1985a:77). Bu nedenle olanaklar alanı, kişinin, kendisine doğru nesnel durumunu aştığı amaç olmaktadır; bu alan, zamanı ve yeri geldiğinde toplumsal ve tarihsel gerçekliğe sıkı sıkıya bağlı olmaktadır (Sartre 1985a:77).

Olanaklar alanı ne denli kısıtlanırsa kısıtlansın her zaman için vardır. Birey verilmiş olanı olanaklar alanına doğru aşarak ve bütün olanakları arasında bir olanağı gerçekleştirerek tarihi yapmaya katkıda bulunur (Sartre 1985a:77). "Ancak, tarih benden uzaklaşıyorsa, bu onu yapmadığımdan dolayı değil, söz konusu tarihi başkası da yaptığı içindir" (Sartre 1985a:74). Bireyin tarihi yapmasına katkıda bulunmasını sağlayan aşma edimi, anlık bir hareket değil, uzun süreli bir çalışmanın ürünüdür. Bu çalışmanın her anı, hem aşmadır, hem de kendisi için ortaya konduğu sürece belli bir birleşme düzeyindeki yoldan sapmaların saf ve yalın sürdürülüşüdür. Bu nedenle yaşam, sarmallar biçiminde bir gelişme çizgisi izler, aynı noktalarda farklı tamlaşma ve karmaşıklık düzeylerine tekrar tekrar geçer (Sartre 1985a:86).

Sartre'a göre, yaşamın bu sarmallar biçimindeki gelişme çizgisi içinde insan, içten kilitlenmiş durumdadır. Kendisini saran duvarlardan kurtulamamakta ama duvarlarla kuşatılmış olduğunu da bilmektedir. Onun için bu duvarlar tek bir hapishane, bu tek hapishane de tek bir yaşam ve tek bir edimdir. Bu tek edim içinde her imge dönüşümünü sürdürmekte ve diğer bütün dönüşümler üzerinde de etkide bulunmaktadır. O zaman da tamlaşmanın ortaya çıkarması gereken şey, edimlerin çok boyutlu birliği olmalıdır (Sartre 1985a:89).

Bu noktada Sartre, tamlaşmayı tamlaşmış olandan (la totalisé) ayırır. Ona göre tamlaşmış olan olmuş bitmiş bir tamlaşmadır (Sartre 1985a:168). Tamlaşmış olan, köklü bir şekilde kendini parçalarının toplamından ayıran, ama aynı zamanda da bu parçalarının her birinde kendini bir bütün olarak yeniden bulan bir varlığa sahiptir.

Bu nedenle tamlaşmış olan, ancak imgede, bir imgeleme ediminin bağlantısı olarak varolabilir. Onun sahip olduğu ontolojik statü de kendindenin (l'en soi) ya da başka bir ifadeyle eylemsiz olanın (l'inerte) ontolojik statüsüdür. İnsanlararasındaki ilişkilerde belirleyici bir öneme sahip olan bu eylemsiz tamlaşmışlıklar alanını da Sartre, pratik-eylemsizlik (le pratico-inerte) alanı olarak adlandırır (1985a:162).

Tamlaşmış olanın ontolojik bir statüye sahip olmasına karşın, tamlaşma bir edim, sürekli akış halinde olan bir etkinliktir. "Bu anlamda kendini tamlaştırmak, kendini zamanın akışına katmak demektir" (Sartre 1985a:168). Yani anlaşılabilir tek zamansallık (la temporalité) bir tamlaşmanın zamansallığıdır. Bununla birlikte tarih de kendini zamanın akışına katan bir tamlaşmadır. Başka bir ifadeyle, tamlaşma etkinliği şimdide, gelecekte ve geçmişte gerçekleşen bir etkinliktir (Sartre 1985a:169). Tamlaşma etkinliğinin tarihsel tamlaşma etkinliği olmasının temeli de burasıdır. Bu noktada "gelecek tam olarak geçmişle özdeşleştiğinde şimdiyi yönettiğinden" (Sartre 1985a:196) diyalektik, şimdinin geçmiş ve gelecek aracılığıyla anlaşılmasından başka bir şey değildir (Sartre 1985a:193).

Sartre'a göre tarihsel bir tamlaşma hareketinde tamlaşmalar olduğu gibi, tamlaşmamalar (les detotalisations) ve kısmi yeniden tamlaşmalar (les retotalisations partielle) da vardır (1985a:180). Sartre bu düşüncesini de kısmi tamlaşma anlayışıyla temellendirir. Ona göre belli bir toplumda yaşayan pratik organizma olarak birey, praksis'iyle kendini tarihsel tamlaşma hareketine katarak tarihin yapılmasına katkıda bulunabilir ya da bulunmaz. Ama birey, tarihsel tamlaşma hareketine katılmadığı için bu hareket hiçbir zaman sürekliliğini kaybetmez. Çünkü diyalektik ve tarihsel tamlaşma hareketinin sürekliliğini sağlayan, praksis'leriyle bu tür harekete katkıda bulunan başka bireylerin varlığıdır.

Sartre'a göre diyalektik hareketi, bireyde ve bireyin kendi yaşamını üretmesi ve nesneleştirmesinde görmeyi yadsıyacak olursak, o zaman ya diyalektikten vazgeçmeliyiz ya da onu tarihin içkin bir yasası olarak görmeliyiz. Engels'in yapıtlarında, kimi zaman diyalektik patlamakta, insanlar fiziksel moleküller gibi birbirine çarpmakta ve bütün bu karşıt hareketlerin sonucu, istatiksel bir ortalama olup çıkmaktadır (Sartre 1985a:120). Oysa şu noktayı anlamak gerekir: Tamlaşan projeler olarak insanlararasındaki ilişkiler birer mekanik ilişki değildir. İnsanlar moleküllerin çarptıkları gibi çarpışmazlar. Her insan, veri koşullarının ve birbirine karşıt çıkarların temeli üzerinde diğer insanın projesini anlamakta ve bu projeyi aşmaktadır. Toplumsal nesne de bu aşmalarla ve aşma edimlerinin de aşılmasıyla kurulur (Sartre 1985a:82). Her kişi, kendi girişiminin birliği içinde ötekini aşmakta ve onu bir araç olarak kendine katmaktadır. Her birleştirici ilişki çifti, sırası ve yeri geldiğinde üçüncü bir ilişki girişimiyle aşılmaktadır. Böylece her düzeyde, bir içeren ve içerilen amaçlar aşama sırası kurulmaktadır (Sartre 1985a:121). Bu durumda Sartre'a göre, yaratıcısız edimler ve kurucusuz kuruluşlarla dolu olan toplumsal alanda, insandaki gerçek insanlığı, yani kendi amaçlarını izleyerek tarihi yapma gücünü yeniden ortaya çıkarırsak, o zaman bir yabancılaşma döneminde, insani olmayanın insani görünümlerle ortaya çıktığını ve topluluk nesnelerinin kendilerinde insani ilişkileri niteleyen amaçlılığı barındırdığı görülür (1985a:122).

Sartre'da insanı anlamak, ya da aynı anlama gelen bir ifadeyle, tarihin yalnızca tek bir anlam taşıyacağı anı yakınlaştırmak, ancak diyalektik aklı kurmakla, bilgiyle insan gerçekliği arasındaki ilgiyi ortaya çıkarmakla olanaklıdır. Bununla birlikte, diyalektik aklı kurmak demek, diyalektik ve tarihsel tamlaşma hareketine bireyin ya da diyalektikçinin tamlaştırıcı etkinliğiyle katılması demektir. Diyalektikçi, praksis'iyle tamlaşma etkinliğine katılarak içinde yaşadığı tarihsel anı ve geçmişi anlayan ve buna dayanarak dünyayı olması gerektiği gibi tanımlayan ya da tarihi nesneleştirerek bir çağı, geçmiş ve gelecekle ilişkisinde anlaşılır kılan kişidir.

Dolayısıyla Sartre'a göre "diyalektik, tarihin bir sonucu olarak değil, temel tamlaşma hareketi olarak varolmak zorundadır" (1985a:171). Başlangıçta, yaşanmış saf praksis olan diyalektik, zamanın akışında kendini tamlaştırmak amacıyla kendi üzerine etki ettiği sürece, ileriye yönelik bir şekilde ve eleştirel düşünme yoluyla öncelikle kendini açığa çıkaracak, sonra da kendini gerçekleştirecektir (Sartre 1985a:171). Böylece denebilir ki, en yüzeysel ve doğrudan karakteri altında diyalektik tamlaşmanın eleştirel girişimi, kendi kendini eleştiren diyalektikçinin kendi yaşamıdır (Sartre 1985a:167).

Sonuç olarak, Sartre'da insanların birbiriyle kurmuş oldukları insan ilişkileri, en temelde praksis ile bir başka praksis arasındaki ilişkilerdir. Yeni ilişkilerin doğurduğu karmaşıklığın kaynağında, etki eden organizmaların çokluğu vardır. Böylece her praksis, başka bir praksis'i ya haklı göstermekte ya da reddetmektedir (Sartre 1985a:231-232). Praksis kavramı da diyalektik kavramı olmadan anlaşılamaz. Çünkü "varoluş temelinde tarih ve tarihsel akıl olan diyalektik, praksis'in kendi kendine gelişimidir" (Sartre 1985a:126). Başka bir ifadeyle, diyalektik, praksis'in hareketinde ortaya çıkar (Sartre 1985a:156). Tamlaşan bir etkinlik olan praksis'in hareketinin yasası diyalektik olduğu gibi, bu hareketi bilme ve anlamanın metodu da diyalektiktir (Sartre 1985a:164)

İkinci Bölüm

Sartre'da Diyalektik Tamlaşma Hareketi

2.1. Diyalektik Tamlaşma Hareketinin Temel Hareket Ettiricileri

Amacı yapısal ve tarihsel bir felsefi antropoloji kurmak olan Sartre, bu amaç doğrultusunda diyalektik bir aklın olduğunu göstermeye çalışır. Onda diyalektik akıl, özgür pratik organizma olarak insanla, insana ilişkin bilgi arasındaki hareketli tamlaşma ilişkisidir. Organizma olarak insan, biyolojik yanıyla bir gereksinimler varlığı; toplumsal yanıyla pratik bir varlık, bir praksis varlığıdır. İnsanın asıl yapısını oluşturan ise toplumsal yanı, praksis varlığı olma yanıdır. Çünkü insanın özü eylemde ya da praksis'te ortaya çıkar. Praksis varlığı olarak insan aynı zamanda bir projeler varlığıdır. O, projeleriyle praksis'ine amaçlar koyar, bu amaçlar da praksis'e anlam katar.

Sartre'da praksis'in kendini gerçekleştirdiği varlıksal ortam, akış halindeki tamlaşma etkinliğinin gerçekleştiği yerdir. Bu varlıksal ortamda praksis, kendisini kuşatan madde dünyasını tamlaştırırken aynı zamanda kendisini de tamlaştırır. Çünkü insan maddeyi ürettiği, işlediği ve kullandığı ölçüde, işlenmiş madde (la matière ouvrée) de insanı üretir, işler ve kullanır. İnsan ile madde arasındaki bu tamlaşma etkinliğinin de iki temel özelliği vardır. İlkin bu etkinlik akış halindedir. İkinci olarak o, diyalektik olan bir tamlaşma etkinliğidir. Sartre'da tamlaşmanın akış halinde olması demek, diyalektik olan bu etkinliğin geçmişte, şimdide ve gelecekte gerçekleşen etkinlik olması, başka bir ifadeyle tarihsel olması demektir. Bu nedenle, Sartre'da "tarihsel diyalektik, diyalektik olan bireyin praksis'ine dayanır" (1985a:194). Bununla da Sartre, insanın yapı özelliğinden hareketle yapısal ve tarihsel bir antropolojinin olanaklılığını temellendirir.

Sartre'da diyalektik tamlaşma hareketinin temel yapı taşı olan praksis kavramı, gereksinim, eksiklik (la rareté) ve madde gibi kavramlar olmaksızın anlaşılamaz. Çünkü Sartre'da praksis varlığı olarak aynı zamanda bir organizma da olan insanın, organizma olmasından kaynaklanan gereksinimlerini karşılamak için yöneldiği maddesel varlık alanı bir eksiklikler alanıdır. Gereksinim ve eksiklik, praksis'e sürekli bir hareket alanı yaratır. Bununla da bir bütün olarak diyalektik tamlaşma hareketi ya da başka bir ifadeyle, tarihsel ve toplumsal varlık alanı kendisini ayakta tutan zemine kavuşmuş olur.

2.1.1. Gereksinim ve Eksiklik

Sartre'a göre pratik organizma olarak insan, belli bir durumun ötesine geçişi ve kendini oluşturan şeyi yapmadaki başarısıyla seçkinleşir. "Bu öteye geçişin temeli, insanın özünde, her şeyden önce de gereksinimde bulunur" (Sartre 1985a:76). Bireyler gereksinimlerinde, yani kendilerini doğadan bağımsız kılma gücünde olmadıkları bir toplumda ortaya koyarlar. Gereksinimleri altında ezilmiş ve belli bir üretim tarzıyla baskı altına alınmış bir toplumdaki bireylerarasında ise sürekli çatışmalar olur (Sartre 1985a:102). Bu durumda, temel önceliği yadsınamayacak olması bir yana gereksinim, bir negation ve bu negation'un ötesine geçiş olarak ortaya çıkar (Sartre 1985a:126).

> "Her şey gereksinimde ortaya çıkar. Gereksinim, maddesel varlık olarak insanla, insanın parçası olduğu maddesel bütünlük arasındaki ilk tamlaşma ilişkisidir. Bu ilişki, tek ve anlamlı olan içkinlik ilişkisidir. Gereksinimle birlikte, maddede ilk negation'un negation'u ve ilk tamlaşma görünür" (Sartre 1985a:194).

Sartre'a göre negation'un negation'u, organik olanın inorganik olan doğrultusunda kendini aşarak, kendinin ötesine geçmesiyle gerçekleşir. Bu, gereksinimin organizmanın beslenmeye çalıştığı madde dünyasıyla kurduğu tek ve anlamlı olan içkin bağdır (Sartre 1985a:194). Negation'un negation'u olarak gereksinim, en temelde, sahip olduğu olanakları şimdideki olanaksızlıklar olarak hep gelecekteki bir zaman diliminde yaşamayı arzulayan organizmadır. Bu nedenle, gereksinimden doğan "praksis, gelecekteki dış amaç olarak organizmayla, tehlikeler içinde tamlaşmış şimdideki organizma arasındaki ilişkidir. Bu ilişki de dışlaştırılmış bir işleve sahiptir" (Sartre 1985a:197).

Gereksinimler varlığı olarak insan, organik tamlaşmış olandır. Bu organik tamlaşmış olan, dış dünyada, eylemsiz cisimler üzerinde etkide bulunarak eylemini gerçekleştirir. Onun eylemsiz cisimler üzerindeki bu eylemi de ya doğrudan ya da başka bir eylemsiz cisim aracılığıyladır. Organik eylemsiz cisim, eylemsiz maddeyle organik tamlaşmış olanın gereksinimi arasında aracılık yaptığında amaç, araç ve insanın çalışması gibi olgular bir bütün halinde biraraya gelir. Çünkü Sartre'da bir bütün olarak çalışmak (la travail), insanların gereksinimlerini gidermesi amacıyla çalışmasıdır. Ona göre, insan eylemi hem bütünü hem de bütünün parçalanmasını sağladığından bir araç olarak çalışmak, hangi biçimde olursa olsun, ancak tamlaşma ve aşılmış çelişmeler olarak varolabilir. Dolayısıyla beden işlevini gerçekleştirdiğinde, işlev gereksinime, gereksinim de praksis'e dönüşür. Praksis'e dönüşen gereksinimle birlikte, insanın yaşamını sürdürmesini sağlayan temel praksis olarak çalışmak diyalektik bir biçim alır. Bu nedenle "diyalektik, çalışmanın mantığıdır" (Sartre 1985a:204) denebilir.

Çalışma olanağını ve zorunluluğunu, bir yandan organizmayla çevresi arasındaki içsellik ilişkisinden, diğer yandan inorganik düzen ile organik düzen arasındaki derin çelişmeden alır (Sartre 1985a:203). Dolayısıyla Sartre'a göre, şimdinin gelecek aracılığıyla belirlenmesi, eylemsiz ve organik olanın karşılıklı yer değiştirmesi, negation, aşılmış çelişmeler, negation'un negation'u, yani tek kelimeyle bir bütün olarak akış halindeki tamlaşma hareketi, çalışmanın anlarıdır. Ama ona göre "çalışmanın asıl anı, organizmanın dış dünyayı dönüştürmek amacıyla eylemsiz bütünlük üzerinde etkide bulunduğu andır" (Sartre 1985a:203).

Bütün bunlara rağmen, Sartre'a göre "çalışmak, insanın maddesel evrenle kurduğu bir ilişki olduğu kadar, insanlararasında da kurulan bir ilişkidir" (1985a:204). Örneğin "savaş, insanın insan üzerinde yaptığı bir çalışmadır" (Sartre 1985a:247).

Organik tamlaşmış olan, canlı cismin hareketini şeylerin eylemsizliğini aşmak için kullandığında, hareketin tamlaşması olarak tasarlanabilir. Bu düzeyde dışın içselleşme doğrultusundaki aşılışı kendini varoluş ve praksis olarak gösterir. Bu durumda "organik işlev, gereksinim ve praksis tamamen diyalektik olan bir düzende birbirine bağlanmıştır" (Sartre 1985a:196).

Sartre'a göre bu düzeyde, canlı varlık kendini yenileyerek ayakta kaldığı için diyalektik zaman ancak organizma aracılığıyla varlığa katılabilir. Geleceğin geçmişle şimdi doğrultusundaki bu zamansal ilişkisi, tamlaşmış olanın gereksinimiyle kurduğu işlevsel bir ilişkidir (Sartre 1985a:196). Çünkü "gereksinim, kendisi için (pour soi) ortaya çıkan bir işleve sahiptir ve o kendini bu işlev olarak tamlaştırır" (Sartre 1985a:195).

Canlı organizma için gereksinimlerini giderememek kendini hep yok olma tehlikesi olarak ortaya çıkarır. İlk tamlaşma olarak yok olma tehlikesi aşkındır. Çünkü bu durumda organizma, varlığını kendi dışındaki cansız bir varlık alanında bulur. Böylesi bir yok olma tehlikesi içinde yaşayan organik varlık, bir yandan doğrudan oksijen alma yoluyla, dolaylı olarak da beslenme yoluyla inorganik varlığa bağlıdır; diğer yandan da tepkimelerin denetimi inorganik varlığa biyolojik bir statüyü zorla kabul ettirdiği için gereksinim ilk çelişmeyi de ortaya çıkarır (Sartre 1985a:195).

Bu çelişme merkezinde Sartre, iki tür maddeyi, canlı cisimlerle cansız nesneleri birbirinden ayırır. Ona göre canlı olsun, cansız olsun bütün maddeler aynı moleküllerden meydana gelmiştir. Böyle olmakla birlikte, bu iki madde türü birbiriyle çelişmelidir. Çünkü biri, bütün ile moleküler ilişkiler arasında içsellik bağını gerektirirken, diğeri aksine bu ilişkide dışsallık bağını gerektirir. Bu durumda negation ve çelişme, eylemsiz varlığa organik tamlaşma yoluyla ulaşır. Gereksinim ortaya çıkar çıkmaz da akış halindeki bu tamlaşma, dış dünyaya tamlaşmış olan olarak yansır ve bununla da madde pasif bir hal alır. Sonuçta, organik varlık, akış halindeki tamlaşmada maddeyi pasif tamlaşmışlık olarak ortaya çıkarır. Pasif tamlaşmış maddenin ilk görünümü ise kendini doğa alanı olarak gösterir. Bütün gereksinimler de bu doğa alanında giderilir. Sartre'a göre pasif tamlaşmışlık olarak doğada, gereksinimleri gidermek için gerekli olan maddelerin eksikliğini ya da fazlalığını ortaya çıkaracak olan da diyalektik tamlaşma hareketidir (1985a:195).

Sartre'da gereksinim, tek başına, tarihsel ve diyalektik olan tamlaşma hareketinin hareket ettiricisi olmamakla birlikte, eksiklikler alanıyla birlikte düşünüldüğünde, bu iki etken birlikte tarihin diyalektik hareketini sağlar. Çünkü gereksinim olmaksızın, gereksinimlerin giderildiği bir alanın eksikliği ya da fazlalığı bir anlam taşımayacağı gibi, gereksinimin giderildiği bir alanın olmaması da gereksinimi gereksinim olmaktan çıkaracaktır. Bununla birlikte, gereksinim ortaya çıktığında gereksinimin giderildiği bir alan olmakla birlikte, bu alan bir eksiklikler alanı değil de, bütün gereksinimlerin hemen karşılandığı bir alan olarak tasarlandığı durumda da tarihsel ilerleme olmayacaktır; çünkü Sartre'da tarih, gereksinim ve eksiklikler alanı arasındaki gerilimin yol açtığı çatışmalar sonucu ilerlemesini sürdürür (1985a:237).

Sartre'a göre insanlık tarihi, eksikliğe karşı verilmiş zorlu bir savaşın tarihidir. Böyle olmakla birlikte, evrenselliğine ve insanla doğa arasındaki en temel insani ilişki olmasına rağmen eksiklik, tarihin aynı döneminde farklı bölgelerde ya da aynı bölgede farklı tarihsel dönemlerde, gerek azgelişmişlik (le sous-dėveloppement), gerek kalabalık nüfus (la surpopulation) ve gerekse de bunlar dışındaki diğer nedenlerle değişiklikler gösterir (Sartre 1985a:232).

Eksiklik olmaksızın ne diyalektik bir praksis, ne insanın çalışması, ne de bireylerin tarihi yapması söz konusu olabilir (Sartre 1985a:235). Çünkü "eksiklik, tarihle aramızdaki en temel ilişki, maddeyle aramızdaki ilişkinin de zorunlu olmayan belirlenimidir"[1] (Sartre 1985a:237). Zorunlu olmamasına rağmen eksiklik, doğayla insanlararasındaki temel insan ilişkisidir. Bizi, tarihi yapan bireyler haline getiren ve kendimizi insan olarak tanımlamamızı sağlayan da yine bu ilişkidir (Sartre 1985a:235). Eksiklik bir insan topluluğuyla maddesel dünya arasında yaşanan ilişki olarak ortaya çıktığında, bu özelliğiyle insanlık tarihini olanaklı kılar. Çünkü insanlık tarihi, insan topluluğuyla madde dünyası arasında eksikliğin neden olduğu bir gerilim alanı içinde ilerlemesini sürdürür (Sartre 1985a:237).

Ama Sartre, eksikliğin insanlık tarihini olanaklı kıldığını söylerken, onun insanlık tarihinin bütün gerçekliğini oluşturduğunu söylemek de istemez. Çünkü ona göre, eksiklik, tarihi olanaklı kılan nedenlerden yalnız biridir. Tarih, bütün katmanlarında toplumu bölen ani bir dengesizlikten doğar. Eksiklik, belli sınırlar içinde, tıpkı organizmaların iç uyumunda olduğu gibi bir denge olarak yaşanabildiği durumda, insanlık tarihi olanaklı kılınmış olur (Sartre 1985a:238).

Görüldüğü gibi, Sartre'da eksiklik, gerek tarihsel gelişim, gerekse bu gelişimde tarihin sürekli tekrarlanmasına yol açan tıkanıklığın aşılması için tek başına yeterli neden değildir. Buna karşılık, Sartre'a göre gerek insanların birbiriyle ilişkilerinde, gerekse insanlarla dış dünya arasındaki ilişkide sürekli bir gerilim olarak eksiklik, her zaman için, teknik ve kurumsal bütün temel yapıların ortaya çıkmasının nedenidir. Ama Sartre, bu neden olmayla, doğrudan ortaya çıkarma anlamında neden olmayı değil de, bu temel yapıların bir eksiklik ortamında, insanların bu eksikliği aşmayı istemeleri sonucunda ortaya çıkması anlamında neden olmayı anlar (1985a:238-239).

---

[1] Sartre, eksikliğin zorunlu olmaması ya da tarihin zorunsuzluğu problemini metodunun ileriye yönelik anında, tarihin anlaşılabilirliği problemi çerçevesinde ele alır (1985a:236).

Sartre'a göre çok sayıda bireyi biraraya getiren ilişki olarak eksiklik, aslında en temelde, neyin eksikliği olursa olsun hep bir ortamın özelliğidir. İnsanlararası ilişkide bir şeyin eksikliği sonunda gerilimli bir eksiklik ortamını ortaya çıkarır. Bu nedenle "eksiklik ortamdır...Başka bir ifadeyle o, bireysel ilişki ve toplumsal ortamdır" (Sartre 1985a:239).

Sartre'a göre, gereksinimler varlığı olarak insanla madde arasındaki ilişkide, gereksinimlerin giderilmesi için gerekli olan maddenin eksikliği, insanları bu eksikliği giderme doğrultusunda negatif anlamda bir birlik halinde biraraya gelmeye zorlar. İnsanların madde eksikliğini giderme amacıyla biraraya gelmesi, insan açısından negatif anlamda biraraya gelmedir. Çünkü bu birliğin ortaya çıkmasını sağlayan her ne kadar insanlar olsa da, buna neden olan asıl güç, madde ya da maddenin eksikliğidir (Sartre 1985a:239).

"İnsan, eksiklik alanında çok sayıdaki benzerleriyle birlikte yaşayan canlı bir organizmadır" (Sartre 1985a:815). Bu alanda bireyler diğer bireylerin farkına, negatif anlamda, eksiklik aracılığıyla varırlar. Eksiklik ortamında her birey diğeri için sürekli bir tehlikedir. Çünkü her birey aynı toplumsal koşullarda, kendisi için gerekli olan, ama bununla birlikte eksik de olan araç ve gereçleri isteyebilir. Başkasının varlığından duyulan bu korku ve düşmanlık, bireyin eksikliği içselleştirmesine yol açar. "İnsanın insanla ölümcül ilişkisi olarak eksikliğin içselleşmesi, maddesel koşulların özgür bir diyalektik aşılmasıyla gerçekleştirilir" (Sartre 1985a:815). İçselleştirilmiş bu korku ve düşmanlık da insanları eksikliğe karşı gruplar halinde biraraya gelmeye zorlar. Bunun sonucu ise ekonomik üretim ve çalışmadır (Sartre 1985a:241-242).

Sartre için bu noktada bakıldığında şu da söylenebilir: İnsanlararasında negatif anlamda kurulan bu birliğin nedeni maddenin eksikliği olduğundan, bu eksiklik ortadan kalktığında bu negatif birlik de ortadan kalkacaktır. Tam bu noktada Sartre, eksikliği göreli eksiklik ve mutlak eksiklik olarak ikiye ayıracaktır (1985a:250).

Sartre'a göre, eksiklik söz konusu olduğunda bu eksiklik, maddenin ve ürünlerin eksikliği olabileceği gibi, ürünlerle kıyaslandığında insanların eksikliği ve eksikliği gidermek için gerekli olan araçların eksikliği gibi etkenlerin de eksikliği söz konusu olabilir. Hatta öyle ki, 20.yüzyıl kapitalizmin yol açtığı bir tüketicilerin eksikliğinden bile söz edilebilir (Sartre 1985a:250). Bu durumda belli bir şeyin eksikliği, tarihin belli bir anında, o tarihsel anın belirleyicisi olarak ortaya çıkabilirken, başka bir tarihsel anda ve başka başka toplumlarda hiç de belirleyici olmayabilir (Sartre 1985a:238). Eksikliğin bu göreliliğine rağmen Sartre'a göre, insanla madde dünyası ya da insanla doğa arasındaki ilişkide bir bütün olarak mutlak eksiklik, belirleyici bir olgu olarak kendini her zaman hissettirecektir.[1] Hatta öyle ki, tarih öncesinde bile eksiklik bütün praksis'e egemendir. Bu nedenle, eksikliğin egemenliği sürdükçe insanın insani olmayan yanı her zaman olacaktır (Sartre 1985a:242). Çünkü eksiklik, insanlararasında olsun, insanla doğa arasında olsun hep bir gerilim ortamı yaratır. Bu gerilim ortamının yol açtığı çatışmalar şiddeti (la violence), şiddet de karşı şiddeti doğuracaktır. Eksikliğin egemenliği altındaki bir insan eyleminin yapı özelliği olarak şiddetin söz konusu olduğu her durumda, hep bir karşı şiddet, başkasının şiddetine karşı bir karşı saldırı vardır. Bir çeşit kışkırtmaya karşı cevap olarak karşı şiddetle, karşıdaki insanın insani olmayan eylemi ortadan kaldırılarak aslında yalnızca onun merkezinde insanın insanlığı ortadan kaldırılır; ama bununla birlikte, yine de, karşı şiddet gösteren insan, şiddet kullanarak karşısındaki insanın insani olmayan eylemini gerçekleştirir (Sartre 1985a:245). Bu eylemle o, bedenini ortadan kaldırmasını önlemek için onu ortadan kaldırmayı istemektedir.

Sartre'a göre "bir eksiklikler ortamının varlığından kaynaklanan çatışmalar sürekli olarak iki kutup arasında gidip gelir" (1985a:245). Biri, çatışmayı neredeyse insanlararasında yapılan bir savaş haline dönüştürür; diğeri de ilkinin aksine çatışmayı, şiddet yoluyla çözümlenebilecek bir farklılığın insani boyutuna indirger.

[1] Ancak Sartre'a göre, mutlak eksiklik ilişkilerde her zaman belirleyici olarak kalsa da, yalnız göreli eksiklik tarihsel bir diyalektiğe sahiptir (1985a:264).

Her iki durumda da Sartre açısından önemli olan, ister bir ordunun, ister bir sınıfın, isterse de küçük bir grubun eylemi olsun, her durumda praksis, ilke olarak, eksiklik ilişkilerinin şeyleşen eylemsizliğini aşacaktır (1985a:245). Bu aşma da büyük ölçüde projesi eksikliğe karşı savaş olan gruplar sayesinde olacaktır. Bu nedenle grubun, dolayısıyla gruptaki bireyin insan olarak işi, insanı doğa aracılığıyla, doğayı da insan aracılığıyla meydana getiren bu ilkel ilişkiyi, bu ilkel acıyı, yani yok olma tehlikesi olarak eksikliği aşma projesi etrafında toplamaktır (Sartre1985a:249).

Sonuç olarak, Sartre'a göre "tarihin mantıksal yapıları bakımından bizi ilgilendiren şey, tarihsel sürecin eksiklikler alanı boyunca ilerlediğidir" (1985a:251). Ama bununla Sartre, eksiklikler alanının tarihsel ilerleyişin pozitif hareket ettiricisi olduğunu değil de, daha çok negatif hareket ettiricisi olduğunu, yani tarihin hareketinin ancak eksiklikler alanının var olduğu bir ortamda gerçekleşebileceğini söylemek ister.

2.1.2. İşlenmiş Madde

Sartre'a göre, praksis'te, maddenin negation'u olarak eylemle, eylemin negation'u olarak madde arasında diyalektik bir hareket, diyalektik bir ilişki vardır (1985a:270). Bu ilişkinin ilk görünümünde praksis, maddesel gerçekliği bir araç olarak kullanır. Bununla o, cansız şeyi tamlaştırıcı projeye katar (Sartre 1985a:271). İnsanın insani olmayanla bu ilk ilişkisinde henüz madde, toplumsal bir madde haline dönüştürülmemiştir. Yapılan yalnızca yalın doğayı, yani toplumun henüz ilkel olan bu dış sınırlarını, insanları biraraya getiren alan haline getirmektir (Sartre 1985a:275). Bu anlamda toplumun dış sınırı olarak doğa, bu dış sınırlar içinde nesneleşerek içselleşen bir yapıya sahiptir. "Böylece doğa, maddenin maddeyle, çalışanların birbirleriyle tamlaşan ilişkisi olarak toplumda kendini yeniden bulur" (Sartre 1985a:276).

Sahip oldukları maddesel koşulları aşabilen varlık olarak insan çalışarak madde alanında kendini nesneleştirir. Bu nesneleşmeyle şeyleşen insan, ürettiği nesne aracılığıyla kendini yeniden bulmayı ister. Bu noktada Sartre şunları sorar: İnsan tamamen maddesel bir yapıya sahip değilse, o zaman nasıl oluyor da insan madde üzerinde, madde de insan üzerinde etkide bulunabilir? İnsan tamlaştırıcı aşmada kendi koşullarını yaşayan özel türden bir varolansa, o zaman maddesel bir dünya nasıl olup da varolabiliyor? Ya da herhangi bir etkinliğin olanaklı olduğu nasıl anlaşılabilir? (1985a:290-291).

Sartre'a göre, insanı kendi dışında başka bir varlığa bağımlı gören her felsefe, sonuçta gelip insanın düşmanca olan tutumuna dayanır. Gerçekten de tarih bunu iki durumda ispatlamıştır. Bir seçim yapmak gerekir. İlkin, insan ya kendindedir ya da kendi dışındadır. İkinci öğreti seçildiğinde, bu, gerçek yabancılaşmanın (l'aliénation) suç ortağı ve kurbanı olmak demektir. Çünkü "yabancılaşma ancak, insan eylemde bulunduğunda varolabilir" (Sartre1985a:292). İnsanın kendi dışına çıkarak dış dünyayla ilişki kurmasını sağlayan insan ilişkisi türü ise, doğrudan içsellik bağı ya da bizi köleleştiren özgürlüktür. Bu durumda "gerçek yabancılaşma, pratik organizma olarak insanla, çevresini birarada tutan içsellik bağından kaynaklanır" (Sartre 1985a:337). Bu nedenle insan, geleceğin bir şey, düşüncenin bir nesne ve maddesel şiddetin tarihin ortaya çıkışının nedeni olduğu bir evrende yaşar. Ama praksis'ini, geleceğini ve bilgilerini şeye bağımlı kılan da yine insanın kendisidir (Sartre1985a:292).

Sartre'a göre "insan, madde dünyasında yaşayan maddesel bir varlıktır" (1985a:224). O, kendine baskı yapan ve ezen dünyayı değiştirmek istediğinde, madde alanına madde aracılığıyla etkide bulunmaya çalışır. İnsan çalışarak madde üzerinde etkide bulunmak ve maddesel yaşamını değiştirmek için kendini inorganik madde düzeyine indirgediğinde (1985a:289), yani maddesel gereksinimleriyle maddesel bir organizma olan o, maddeyi ürettiği ve kullandığı ölçüde, içselliğin dışlaşması olarak işlenmiş madde de insanı üretir ve kullanır (1985a:186). Bunun dolaylı sonucu olarak maddeyi işleyen ve kullanan insan, bu yaptığıyla tarihin yapılmasına katkıda bulunduğunda, tarih de insanı yapar (Sartre 1985a:210). Bu anlamda "tarihin her anında insanlar şeyleştikçe, şeyler de insanlaşacaktır" (Sartre 1985a:290).

> "Böylece kendinde taşıdığı çelişmelerle üretilmiş olan madde, hem insanlar için, hem de insanlar aracılığıyla tarihin temel hareket ettiricisidir. İşlenmiş maddede, her tekin eylemi birleşir ve bir anlam kazanır. Başka bir ifadeyle, bu eylemler herkes için ortak bir geleceğin birliği olur" (Sartre 1985a:294).

Sartre'a göre işlenmiş madde, eksiklik çerçevesinde tasarlanabilecek insani olmayan geleceğiyle tarihin tekrarlanmasındaki o kısır çemberi kırar (1985a:294). Onun bu amaçlılığı kendini bir karşı amaçlılık (la contre-finalité) haline dönüşerek ya da üreterek herkes için bir karşı amaçlılık halini alır. Her karşı amaçlılık ise, kendince nesnel bir şekilde ve bazı pratik-eylemsiz bütünler için bir amaçlılık olur (Sartre 1985a:307). "Böylece, bütün eylemlerin, yani bütün buluş ve yaratımların sentetik özeti olarak işlenmiş madde, kendisi aracılığıyla değişmenin zorunluluğunu ortaya çıkarır" (Sartre 1985a:294).

Bir topluluğun toplumsal belleği olarak işlenmiş madde, kendi kendisinin idesi ve bu idenin negation'udur. Bu durumda, her şeyin sürekli zenginleşmesi olarak işlenmiş madde olmaksızın ne düşünceler ne de edimler varolabilir. Çünkü düşünce ve edimler, ancak işlenmiş madde aracılığıyla insanlar ve şeyler üzerinde etki edebilir. Aynı şekilde, şeyler ve şeyleşen düşüncelerin mekanik eylemi, ancak işlenmiş madde üzerinden düşünce ve edimlere etki edebilir (Sartre 1985a:294).

Sartre'a göre inorganik madde alanında tek tek maddeleri biraraya getiren praksis, bununla maddenin pratik birliğini kurar (1985a:294). Bu biraraya getirilmiş maddesel güçler edimlerin gerçekleştiricisidir. Bu edimlerle de diğer dağınık inorganik maddeler biraraya getirilerek belli bir madde birliği insanlara zorla kabul ettirilir. Aslında bu noktada, maddenin bütün hareketini insanlar sağlıyor ve yönetiyor gibi gözükse de, tam anlamıyla insanlararasındaki dolayımlamaları gerçekleştiren maddedir ve her insan ancak maddeleştirilmiş praksis'ler arasında dolayımlamalar yapabilir (Sartre 1985a:294).

Sartre'a göre, insanla madde arasındaki ilişkide insan, ürettiği maddenin ürünü haline gelmesiyle ya da üretilmiş maddenin egemenliği altına girmesiyle insanın insani olmayan o korkunç yüzünü ortaya çıkarır (1985a:295). Öyle ki, çoğu zaman gözlemlendiği gibi, insani nesne ile cansız nesne arasındaki özdeşlikten değil, insani özelliğini yitirmiş insanların biraraya getirdiği insani bütünlük ile insanlaştırılmış maddesel bütünlük arasındaki sıkı ortak bağdan söz edilir (Sartre 1985a:295). Ama böyle olmakla birlikte, yine de Sartre'a göre " bu dünya ancak insanla ve insan için insanidir... Evrendeki her türlü varoluş maddeseldir; insan dünyasındaki her şey ise insanidir" (Sartre 1985a:290-291)

Sartre'da bir gereksinimler ve eksiklikler varlığı olması nedeniyle işlenmiş maddenin egemen olduğu varlık olarak insanın etkinliği, insan için vazgeçilmez olmakla birlikte doğrudan gereksinimden çıkmaz. Çünkü ona göre insanın gereksinimini, cansız nesnenin pratik gerekliliği olarak ortaya çıkaran da yine işlenmiş maddedir (Sartre 1985a:296). Bunun için de yapılması gereken, sınırları belli bir pratik ve toplumsal alanda, çalışanın gereksinimi ve onun yaşamını üretmesindeki zorunluluğu, toplumda yaşayan herkes için toplumsal alanın tamlaştırıcı ve biraraya getirici gerilimi olarak ortaya çıkarmaktır (Sartre 1985a:296).

Sartre'a göre bu gerilim ortamında, insanla madde arasındaki ilişki kendini aynı zamanda bir çıkar (l'intérêt) ilişkisi olarak da gösterir. Organizma olarak insanın maddeye yönelmesini sağlayan gereksinim oldukça, insanın maddeyle doğrudan ya da dolaylı olsun bütün ilişkisi bir çıkar ilişkisi olacaktır. Çünkü insanın maddeyle ilişkisi onun çıkarı gereğidir.

Sartre'a göre "çıkar, toplumsal alanda insanla şey arasında kurulan belli türden bir ilişkidir" (1985a:307). İnsanlar, maddesel bir bütünlük ortamında yaşadıkça, bu maddesel bütünlüğün her yerinde az ya da çok gelişmiş bir görünüm altında insanla madde arasında hep bir çıkar ilişkisi ortaya çıkar. "Dolayısıyla çıkarın temeli, organizma olarak insanla çevresi arasındaki tek ve anlamlı olan içsellik ilişkisidir" (Sartre 1985a:307).

Sartre'a göre ekonomik, teknik ve toplumsal düzlemde var olan her nesne, belli üretim ilişkileri ve türü açısından gerekli hale gelir ve yeni nesneler yeni gerekliliklere yol açar. Maddesel bir nesneyle diğer nesneler arasındaki bu dönüşümün de temelini insanların seri ilişkilerinde (les series), yani pratik-eylemsizlik alanında bulur (Sartre 1985a:299). Bu nedenle, birey ile madde arasında gereklilikte temelini bulan çıkar ilişkisi, bireyin praksis'inin pratik-eylemsizlik anında ortaya çıkar. Çünkü insan, dış dünyada kendini ancak işlenmiş maddenin pratik-eylemsizlik ortamında var kılar (Sartre 1985a:307). Hangi birey ya da sınıf olursa olsun, maddeyi araç haline getirerek onu ürettiğinde, bu birey ya da sınıflar çıkarlarını ancak maddesel alanda ve madde aracılığıyla gerçekleştirebilir (Sartre 1985a:327). Bu nedenle, birey ve sınıflar arasındaki bütün çıkar çatışmalarının kaynağı üretim ilişkileridir. Çünkü çıkar çatışmaları, doğrudan işlenmiş maddenin hareketinde ortaya çıkar. Her grup ya da birey, işlenmiş maddeyi kontrolü altına almak ve bu kontrolü başkasına kaptırmamak için savaşır. Bundan dolayı, çatışmaların nedeni hiçbir zaman çıkarların çeşitliliği değil, daha ziyade çıkarlar çatışmaları doğurur. Çünkü işlenmiş madde, her şeyden önce grupları zorla çatışmaya sürükleyecektir. "Bu anlamda çıkar, tam anlamıyla yalnız başkasının negation'u değil, aynı zamanda maddenin ve insanların pratik-eylemsiz varlığının da negation'udur" (Sartre 1985a:328). Ama bununla birlikte, çıkar, pratik-eylemsiz ortamda insanla ürünün karşılıklı olarak değişebilmesidir. Bu nedenle, çıkarların çelişmesi, madde ile insan arasındaki özgür meydana getiren praksis'i ortaya çıkarmak amacıyla ortaya konan bireysel ya da ortak girişimden kaynaklanır (Sartre 1985a:328).

Özetle Sartre'a göre "tarihsel süreç olarak tamlaşma varsa, bu tamlaşma insanlara madde aracılığıyla ulaşır. Başka bir ifadeyle, organizmanın özgür gelişimi olarak praksis, ancak pratik alan biçimi altında maddesel çevreyi tamlaştırır" (1985a:233).

2.1.3. Sınıf Savaşları

Sartre'a göre "sınıf savaşları tarihin hareket ettiricisidir" (1985a:865). Bu hareket ettirici, ekonomik süreçte ve bu sürecin nesnel çelişmelerinde, daha genel bir ifadeyle, çalışma hayatında ortaya çıkar (Sartre 1985a:835). Çağdaş üretim tarzının ürünü olan insanlararasındaki ilişkide temelini bulan sınıf savaşları, aynı zamanda çıkar çatışmaları ve güç ilişkilerinin de ürünüdür (Sartre 1985a:780).

Sartre'da tarihin hareket ettiricisi olarak sınıf savaşlarının temeli, karşılıklılık ilişkileri (les rapports réciproques), özellikle de çatışmacı karşılıklılık (la réciprocité antagoniste) ilişkileridir (1985a:865). Ona göre karşılıklılık ilişkileri, bütün insan ilişkilerinin temelidir. Bir bireyin başka bir bireyle, o bireyin de bir diğeriyle toplumsal temeldeki ilişkisi olarak karşılıklılık ilişkileri dışında ve bu ilişkilerden önce, insanın madde ile ilişkisi bir yana tutulursa, yalnız organik varlıklar arasındaki biyolojik ve içgüdüsel ilişkiler vardır. Karşılıklılık ilişkileri, insanların birbirleriyle ilişkilerinde nesnel ve yaygın olanaklılık olarak yaşadığı ilişki biçimi olduğundan, somut ve yaşanmış temel bağlılık ilişkileridir. Sahip olduğu bu özellik nedeniyle karşılıklılık ilişkileri, temelde şeyleşmeye ve yabancılaşmaya karşı olmakla birlikte, insanları şeyleşmeye (la réification) ve yabancılaşmaya karşı koruyamaz. Çünkü bu insani olmayan şeyleşme ve yabancılaşma ilişkilerinin temelinde diyalektik süreç vardır (Sartre 1985a:223).

Sartre'a göre, bireyin praksis'i diyalektik bir yapıdaysa, onun başkasıyla ilişkisi de diyalektik yapıda olacaktır (1985a:212). Diyalektik yapıda olan bireyin bireyle karşılıklılık ilişkileri, bireylerin projelerini gerçekleştirmek amacıyla karşı karşıya gelmeleriyle belirir (Sartre 1985a:222). Bireyin projesi geleceğe yönelik olarak şimdiyi aştığında, bununla o, kendini ve başkasını bir araç durumuna düşürmüş olur (Sartre 1985a:224). Çünkü "başkası, benim aracım değil de, aşkın bir amacın aracı olduğunda, yani ben, kendi kendimin aracı olduğumda, o da araç olacaktır" (Sartre 1985a:224-225). Başkasıyla ilişkimde, başkası bana praksis ya da akış halindeki tamlaşma olarak görünür ve bu görünüş temelinde ben, başkasını tamlaştırıcı projeme katarım. Bu durumda, benim içinde bulunduğum hareket, onun da amaçlarını gerçekleştirdiği harekettir. Ben onun amaçları için araç ve nesne iken, o da benim amaçlarım için nesnel araçtır.

Bundan hareketle Sartre, karşılıklılık ilişkilerinin pozitif ya da negatif olabileceğini söyler (1985a:225-814)). Ona göre, karşılıklılık ilişkilerinin pozitif olduğu durumda, gerek ortak çalışmalarda, gerekse diğer ortak girişimlerde olduğu gibi amaç ortaktır; ortak çabalar tek ve aşkın amaçları gerçekleştirdiğinde herkes kendi amacına hizmet ederken, aynı zamanda başkasının da amacını gerçekleştirmesine hizmet eder. Negatif karşılıklılık durumunda ise birey, başkasının amacına hizmet etmeyi reddeder. Bu reddetmeyle birlikte o, başkasını, kendi amaçları doğrultusunda bir araç olarak kullanarak ondan yararlandığında bir savaş ortamına zemin hazırlar.

> "Savaş, her durumda, maddesel koşulların eksikliğinden kaynaklanan somut bir çatışmadır. Savaş durumunda gerçek amaç, nesnel bir kazanım ya da düşmanı ortadan kaldırmanın tek çare olduğu bir yaratımdır" (Sartre 1985:225).

Çatışmacı bir karşılıklılık ilişkisi olarak savaş durumunda Sartre'ı ilgilendiren asıl şey, belli bir toplumda ya da belli bir örgütlenme içinde olsun, savaş durumunda bütün bireysel eylemlerin zorunlu olarak sömürü sürecini desteklemesidir (1985a:865). Bununla birlikte Sartre'a göre, bireyin karşısındakini ezmeye yönelik eylemleri de ancak saf suçsuzlukta ve biraraya getirici ortak bilinç olarak sınıf içinde anlaşılabilir. Başka bir ifadeyle, bireyin praksis'i ancak buyurucu ve tamlaştırılmış bir pratik içinde varlık bulur. Gruplarda ya da sınıflarda olsun, bütün toplumsal oluşumlardaki karşılıklılık ilişkileriyse, temelde pratiktir. Bu pratik karşılıklılık ilişkileri de ya çatışmaya ya da uzlaşmaya dayanır. Ama her durumda, eylemlerin gerçekleşme türü ya da tipi ne olursa olsun, yani bu eylemler ister yardımlaşma, ister uzlaşma, isterse de savaş ve ezme eylemleri olsun, her eylem karşılıklılık ilişkileri doğrultusunda gerçekleşirler. Belli durumlarda, bu tür eylemlerle insan toplulukları arasındaki ilişkinin sonuçlarından biri kendini şeyleşme olarak gösterir. Şeyleşme, ezilen sınıf ile ezen sınıf arasındaki ilişkinin mutlak dışlaşması olarak her yerde kendini içselleştirir (Sartre 1985a:865). Bu durumda ezen ile ezilen arasındaki savaş, ezme eyleminin karşılıklı içselleşmesini sona erdirmek içindir (Sartre 1985a:813).

İçselleştirilmiş dışsallık olarak şeyleştirilmiş insan topluluklarındaki ortak ve bireysel ilişkiler, karşılıklı pratik ilişkilerdir. Uzlaşmacı ya da çatışmacı olabilen bu ilişkiler, tam anlamıyla ancak, belli bir sınıfın çalışma araçlarına sahip olduğu ve çalışanlar sınıfının bir ücret karşılığında mal üretmek için bu araçları kullandığı bir toplumda yaşanır (Sartre 1985a:867). Böyle bir toplumda, düzen güçlerinin sürekli egemenliği, ilişkilerin bozulması için tek geçerli neden olur. Bu egemenlik aşıldığında ise, artık patron ile işçi hiçbir aracı olmaksızın karşı karşıyadır.

Sartre'a göre, işçi ile patron arasındaki ilişki yalın bir dışsallık ilişkisidir. İçselliğin nesnel ilişkisinin şeyleşmesi olarak kavranabilecek işçi ile patron arasındaki ilişki, özgür olduklarını bilen iki insanın, özgür karşılıklılık ilişkisidir (Sartre 1985a:209). Çünkü "savaş, iki özgür pratik proje arasında gerçekleşir" (Sartre 1985a:777). İki özgür proje arasındaki "savaş, özgür bir praksis'in diğer bir özgür praksis'i aşma çabasıdır" (Sartre 1985a:887). Bu ilişkide taraflardan biri, diğerinin gereksinimlerinin baskısı altında maddesel bir nesne gibi satıldığını bilmezden gelir. Patronun bu yaklaşımı, belli bir ücret karşılığında çalışan işçinin, bütün özgürlüğünü çalışma gücüne verdiğine olan inancına dayanır. Patronuyla ilişkisinde gerçek anlamda özgür olmayan işçi, hukuki açıdan ise özgürdür. Böyle bir durumda patron, çalışanlarla ilişkisinde, onları işe alma anında hiçbir baskı yapmazken, iş ücret vermeye gelince, işçilerin almaları gereken en yüksek ücreti vermeyerek ve bu ücreti isteyenleri geri çevirerek baskı uygular. Böyle bir ortamda yüzyüze gelen işçiler, gereksinimlerini kısıtlayarak çatışmalı bir rekabet yarışına girerler (Sartre 1985a:222).

Sartre'a göre, bu örnek de bize yeterince gösteriyor ki, kişi ancak başka bir kişi için ya da özgür praksis'iyle hareket ettiği ölçüde kendisi için kendini şeyleştirir. Bu durumda "sefil özgürlüğe duyulan mutlak saygı, en iyi şekilde, maddesel baskılar nedeniyle sözleşmeyi bozmada kendini gösterir" (Sartre 1985a:222). Olanaklı olduğu ölçüde işçinin bu cevabı, baskı karşıtı ve örgütlü bir şiddettir. Burjuva demokrasilerinde bu şiddetin ilk görünümü olarak grev, işçinin çalıştığı makinelere karşı bir şiddet eylemi değil, patronunun merkezinde, kendini çıkarlarıyla özdeşleştiren düşman sınıfa karşı bir şiddet eylemidir (Sartre 1095a:867).

Sartre, işçi sınıfıyla burjuva sınıfı arasındaki çatışmacı karşılıklılık ilişkisi olan sınıf savaşlarıyla ilgili olarak, sınıfların güncel tarihsel gelişimlerindeki maddesel karşılıklılık ilişkileri üzerinde durmaz. Çünkü Sartre'ın asıl amacı "tarihin biçimsel koşullarını belirlemektir" (Sartre 1985a:880). Ona göre, bir topluluk sınıflar halinde varolacaksa, dolayımlama süreci ne olursa olsun, karşılıklı olarak birbirlerini belirlemeleri zorunludur. Bu durumda, sınıfların birbirleriyle ilişkisi ancak diyalektik ile anlaşılabilir. Analitik akıl, projesi sınıfları dağıtmak ve ortadan kaldırmak olan praksis'tir. Analitik aklın çözülmesinin sonucu olarak işçi sınıfında diyalektik aklın meydana gelmesi sınıf savaşları olgusunu ortaya çıkarır (Sartre 1985a:880). Başka bir ifadeyle, "praksis'in düzenli gelişimi olarak diyalektik, ancak, çatışmacı karşılıklılık olarak savaş praksis'inde ve bu praksis aracılığıyla meydana getiren ve meydana getirilmiş diyalektik olarak kendinin bilincine varabilir" (Sartre 1985a:881). Eksikliğin egemen olduğu bir dünyada diyalektik, ezilen bireyin ya da sınıfın praksis'idir. "Kendini ezene karşı savaşan ezilen sınıfın bilinci olarak diyalektik, ezmenin bölücü eğiliminin ezilende yol açtığı bir tepkidir" (Sartre 1985a:879). Bu durumda denebilir ki, praksis ile diyalektik tek bir şeyi, ezilen sınıfın ezme eylemine tepkisini ortaya çıkarır (Sartre 1985a:878). Ama Sartre'a göre, unutmamak gerekir ki, pratik-eylemsizlik süreci olarak ezme ve sömürü süreci de ancak diyalektik aklın sınırları içinde ortadan kaldırılabilecek bir gerçekliktir.

Sonuç olarak, Sartre'a göre, hakiki insani praksis olarak savaş, ancak çatışmacı karşılıklılık ilişkileri temelinde varolabilir. Diyalektik olarak anlaşılabilecek bu insani deneyimin anlaşılabilirliği de ancak geçerli temeli eksiklik olan somut bir tarihsel süreçte olanaklıdır. "Tarihimizi anlayabiliriz, çünkü diyalektiktir; tarihimiz diyalektiktir, çünkü bizler, insan topluluklarındaki eylemsizliği savaşan diyalektik gruplarla aşan sınıf savaşlarının ürünüyüz" (Sartre 1985a:881-882).

2.2. Diyalektik Tamlaşma Hareketinin Anları

Sartre, iki ciltlik *Diyalektik Aklın Eleştirisi*'nin Birinci Cildinde, diyalektik tamlaşma hareketinin anlarını, İkinci Cildinde diyalektik tamlaşma hareketini ve akış halindeki tarih ile oluş halindeki hakikat problemini ele alır (1985a:15). Sartre'ın diyalektik tamlaşma hareketinin anlarını ortaya koymadaki amacı, yapısal bir antropolojinin temellerini atmak; akış halindeki tarih ile oluş halindeki hakikat problemini ele almadaki amacı ise, belli türden bir hakikate ve anlaşılabilirliğe sahip bir insanlık tarihinin olduğunu (1985a:184) ve bu insanlık tarihinin durmaksızın kendini tamlaştırmasına yol açan eşzamanlı ve artzamanlı hareketi göstermektir (1985a:894). Sartre'ın *Diyalektik Aklın Eleştirisi*'nin bütününde izlediği bu birbirini tamamlayan iki aşamalı yol, onun diyalektik akıl anlayışından türettiği ve ileriye yönelik-geriye dönük metot olarak nitelendirdiği diyalektik metotla da tamamen uygunluk içindedir. Ona göre, sahip olduğu buldurucu değeriyle diyalektik metot, basitten karmaşığa, soyuttan somuta, meydana getirenden meydana getirilmiş olana götüren tek metottur[1] (Sartre 1985a:181).

---

[1] Sartre'a göre, bu metot basitten karmaşığa gider. Çünkü o, soyuttan somuta gittiği ölçüde hem biçimsel hem de diyalektiktir (1985a:671).

Sartre, diyalektik metodun geriye dönük anında, diyalektik tamlaşma hareketinin anları olarak meydana getiren diyalektik, antidiyalektik ve meydana getirilmiş diyalektiği inceler. Ona göre "sentetik ileriye yönelik anda ise, tamlaşmadaki bu üç kısmi hareketi bütünleştiren tamlaştırıcı hareketi izlememiz gerekecektir" (Sartre 1985a:188). Başka bir ifadeyle, geriye dönük anda diyalektik harekete değil, yalnız onun izlerine rastlanır. İleriye yönelik anda ise, amaçlanan nesneleşmeye ulaşmak için diyalektiğin her anının bir önceki ana dayanarak zenginleştiren tamlaştırıcı hareket ve bu hareketin temelindeki proje ortaya çıkarılmaya çalışılır (Sartre 1985a:111). Bu projeyle de tarihin olanaklılığı ve tarihteki zorunluluk sorunu ortaya konulmuş ve şu sorulara cevap verilmiş olunur: Sentetik biraraya gelmenin praksis'i olarak hakikat nedir? Tarih nedir? Niçin insanlık tarihi diye bir şey vardır? Tarihsel tamlaşmanın pratik anlamı nedir? (Sartre 1985a:188).

Sartre'a göre, temelini bireyin praksis'inde bulan diyalektik an olarak meydana getiren diyalektik, sınırını kendinde bulur ve kendini antidiyalektik haline dönüştürür (1985a:181). Bu antidiyalektik ya da diyalektik karşıtı diyalektik de, insani biraraya gelme tipleri olarak serilere (les series) ve seriler alanı üzerindeki yabancılaşmaya götürür. Bu durumda, bireysel praksis ile seri ilişkiler arasında ayrım yapmak gerekir. Bireysel praksis kendini seri ilişki biçimine sokarak yabancılaştırır (Sartre 1985a:850). Antidiyalektik anda, yabancılaştırılmış praksis ile işlenmiş eylemsizliğin eşdeğerliliği ortaya çıkar. Bu eşdeğerlilik alanı pratik-eylemsizlik alanıdır. Pratik-eylemsizlik alanının karşısında diyalektik biraraya gelmenin ikinci tipi olarak gruplar vardır (Sartre 1985a:181). Gruplar da serilerden doğar ve grupların bir serisi kendi kendini meydana getirebilir (Sartre 1985a:830). Bu noktada, grupların ortak praksis'i tek tek bireylerin praksis'iyle meydana getirildiğinde, meydana getiren diyalektik ile meydana getirilmiş diyalektiği birbirinden ayırmak gerekir. Bu ayrım çerçevesinde yapılması gereken, insanın bireysel ve soyut praksis'i olarak meydana getiren diyalektik akıldan hareketle ortak eylemlerin ve praksis sürecinin anlaşılabilirliğini, yani meydana getirilmiş diyalektik aklın anlaşılabilirliğini kurmaktır. Bununla da diyalektiğin anlaşılabilirlik sınırları ve tamlaşmanın kendine özgü anlamı ortaya konulmuş olur (Sartre 1985a:182).

Sartre'a göre yapısal ve tarihsel bir antropoloji kurmayı amaç edinen eleştirel bir girişimin geriye dönük anı, sosyolojik bilginin, ileriye yönelik anı ise tarihsel bilginin anlaşılabilirliğini kurar. Bu kurma işi de meydana getiren ve meydana getirilmiş akıl olarak diyalektik aklı tanımlama olanağı verir. Diyalektik aklın tanımlanmasıyla, tamlaştırıcısız tamlaşma (la totalisation sans totalisateur) ya da tamlaştırılmamış tamlaşmanın (la totalisation détotalisée) ne anlama geldiği ortaya çıkacak (Sartre 1985a:183); en sonunda da praksis ile yaratıcı eylemin mantığı ya da özgürlüğün mantığı olarak diyalektiğin eşdeğerliliği gösterilmiş olunacaktır (Sartre 1985a:184).

2.2.1. Meydana Getiren Diyalektik

Sartre'da insan ile insana ait bilgi arasında akış halindeki tarihsel tamlaşma hareketi olarak diyalektik aklın ilk tamlaşma anı meydana getiren diyalektik akıldır. Diyalektik tamlaşma hareketinde tamlaşan praksis olduğundan Sartre, tarihin hareketindeki bu ilk anı meydana getiren praksis olarak nitelendirir. Bununla birlikte, praksis'in hareketi diyalektik bir şekilde gerçekleştiğinden meydana getiren praksis, aynı zamanda meydana getiren diyalektiktir de.

Diyalektik aklın ilk anı olarak meydana getiren diyalektik ile Sartre'ın kastettiği bireyin praksis'idir. Bireylerin meydana getiren praksis'leri biraraya gelerek grubun meydana getirilmiş praksis'ini oluşturur. Sartre'ın bütün tarih ve toplum anlayışının merkezinde bireyin meydana getiren praksis'i vardır. Çünkü ona göre "her türlü tarihsel diyalektik, diyalektik olan bireyin praksis'ine dayanır" (Sartre 1985a: 194); bireyin praksis'iyse her şeyin hareket ettiricisidir (Sartre 1985a:428).

Sartre'da insanlararası ilişkiler, en temelde praksis ilişkileridir (1985a:231). Ona göre praksis ilişkilerinde, her yeni ilişkinin katılımıyla karmaşıklaşan ilişkilerin kaynağında etki eden praksis'lerin çokluğu vardır. Bu çoklukta her praksis, diğer bir praksis'i ya doğrulamakta ya da reddetmektedir. Pratik alanın köklü biraraya getiricisi olan her praksis, diğer praksis'lerle ilişkisinde çokluğun yarattığı karmaşıklığı ortadan kaldırarak biraraya gelme projesini ortaya çıkarır (Sartre 1985a:232). Başka bir ifadeyle, bireysel praksis'in projesinin tek amacı, ortak bir amaç doğrultusunda aşılacak araç olarak belli bir sonuç üretmektir (Sartre 1985a:556).

Sartre'da pratik alanda etki eden praksis'lerin çokluğundan kaynaklanan karmaşıklığın ortadan kaldırılmasında en belirleyici etken, praksis varlığı olarak bireyin aynı zamanda bir projeler varlığı olmasıdır. Projeler praksis'in varlığına anlam katar. Çünkü praksis ancak projeler aracılığıyla geleceğe yönelip belli bir doğrultuda hareketini sağlayabilir.

Sartre'a göre, praksis'e anlam katıcı olarak proje "henüz olgunlaşmamış bir davranışın, hem kendini belirleyen gerçek ve güncel etkenlere, hem de gelecekte var etmeye giriştiği belli bir nesneye göre kendini belirlemesi zorunluluğu" (1985a:76) dur. Bu zorunlulukla da eşzamanlı çifte bir ilişkiyi tanımlarız. Çünkü gerek öteye doğru bir gidiş ya da sıçrayış olarak, gerekse de eşzamanlı bir reddetme ve gerçekleştirme edimi olarak proje, kendini aşan hareketle reddedilmiş ve aşılmış gerçekliği açığa çıkarır (Sartre 1985a:77). Böylece proje, bireyin belki de bilmediği bir gerçeklik kazanmakta ve bu gerçeklik de gösterdiği ve neden olduğu çelişmeler aracılığıyla olayların akışını etkilemektedir (Sartre 1985a:88).

Sartre'a göre praksis, içselleşme aracılığıyla nesnel olandan başka bir nesnel olana geçiştir. Nesnelliğin nesnellik doğrultusundaki öznel aşılışı olarak proje ise, ortamın nesnel koşullarıyla olanaklar alanının nesnel yapıları arasında kurulmuş varlığıyla, öznelliğin ve nesnelliğin hareketli birliğinin temsilcisidir. Bu durumda öznel olan, nesnel sürecin zorunlu bir anı olarak ortaya çıkar (Sartre 1985a:80). Bununla da Sartre, öznel olan ile nesnel olanın gerçek diyalektiğini ortaya koymuş olur. Ona göre öznel olan, şimdiden hareketle öteye gittiğinde nesnel bir dönüşüm olanağına doğru ilerlemekte ve bununla da kendisini umutsuzluktan kurtarmaktadır. Öznel, reddettiği ve yeni bir nesnellik doğrultusunda aştığı nesneli kendinde içermekte ve bu yeni nesnellik de projenin içselliğini nesnelleştirilmiş öznellik olarak dışlaştırmaktadır. Bununla eylemin tasarlanan anlamı, doğruluğunu tamlaşma sürecinde bulmak için dünyanın gerçekliğinde ortaya çıkacaktır (Sartre 1985a:80). Bu özelliğinden dolayı "tarihi, yani insani yaratıcılığı, ancak iki nesnellik anı arasındaki dolayımlama olarak proje açıklayabilir" (Sartre 1985a:80-81).

Sartre'a göre, praksis varlığı olarak insan, ancak, sahip olduğu projesiyle tanımlanabilir (1985a:113). Bu tamlaşan projeler varlığı işi, eylemi ve davranışlarıyla kendini nesneleştirmek için olanaklar alanı boyunca sahip olduğu koşulu aşmakta, bununla da toplumsal konumunu açığa çıkararak belirginleştirmektedir.

Bu belirginleştirme anında ve belli durumlarda bir isteme formu kimliğine bürünse de proje, soyut bir kendindelik (l'entité) olan istemeyle karıştırılmamalıdır. Proje, bireyin kendiyle kurduğu ilişki olmaktan daha çok başka bireylerle kurduğu doğrudan ilişkidir. Bireyin çalışması ve praksis'iyle sürdürdüğü bu sürekli üretim, onun kendine özgü asıl yapısını oluşturur. Bireyin asıl yapısı olarak proje, ne bir isteme, ne bir gereksinim ne de bir tutkudur. Böyle olmakla birlikte, gerek tutkularımız gerekse de gereksinimlerimiz projenin gerçekleşmesine her zaman katkı sağlarlar. Çünkü hep gereksinimlerimiz bir şeye doğru yönelerek kendilerinin dışına çıkarlar. Varoluş olarak da adlandırılabilecek olan nesneleşmeye doğru yönelen bu atılım, bireylere göre çeşitli biçimler almakla birlikte, bazı olanakları dışta bırakarak bazılarını gerçekleştirdiğimiz bir olanaklar alanına yöneldiğinde, onu seçme ya da özgürlük olarak adlandırırız (Sartre 1985a:114).

Böylece Sartre'a göre praksis, belli bir proje doğrultusunda madde dünyasını tamlaşmış olan haline dönüştüren tamlaşma hareketidir (1985a:199). Bu tamlaşmada praksis, iki şeyin varlığını, ilkin organik bir bireyin, yani maddesel bir etkenin, ikinci olarak da maddede madde aracılığıyla yapılmış bir girişimin maddesel örgütlenimini gerektirir (Sartre 1985a:185). Her praksis, pratik alanın kısmi yeniden tamlaşmasıdır (Sartre 1985a:188). Bu kısmi yeniden tamlaşmalar da insana maddeyle gelir. "Başka bir ifadeyle organizmanın özgür gelişimi olarak praksis, maddesel çevreyi, pratik alan biçimi altında tamlaştırır" (Sartre 1985a:233). Bu tamlaşmayla insan, eylemsiz tamlaşmış olan olarak maddesel alanın bütünlüğü içinde yaşamını sürdürür (Sartre 1985a:202).

Sartre'a göre "bireyin praksis'i diyalektiktir" (1985a:212); çünkü praksis'te eylem ile madde arasında diyalektik bir ilişki ve diyalektik bir hareket vardır (Sartre 1985a:270). Praksis için maddesel gerçeklik bir araçtır (Sartre 1985a:271). Çünkü praksis, organizmanın pratik-eylemsizlik alanı üzerinde etki etmesi için gerekli olan araç ve gereçleri kullanır ki bunlar da maddesel gerçekliğin bir parçasıdır (Sartre 1985a:276). Birey, praksis'iyle ya da daha dar anlamda çalışmasıyla, maddeyi araç olarak kullanarak sahip olduğu maddesel koşulları aşar ve bununla da kendini maddede nesneleştirir (Sartre 1985a:280). "İnsanın çalışmasının anlamı, maddesel bir şekilde madde üzerinde etki etmek ve maddesel yaşamını değiştirmek için kendini inorganik madde düzeyine indirgemektir" (Sartre 1985a:289). Çünkü "gelecek, insana şeyler aracılığıyla gelir" (Sartre 1985a:289).

Sonuç olarak, Sartre'da "tarihsel bir diyalektiğin tek somut temeli, bireyin eyleminin diyalektik yapısıdır" (1985a:329). Toplumsal ortamda bireyin bu eylemi ya da praksis'i, kendinde pratik tamlaşmanın mantığı olarak diyalektik anlaşılabilirliğin tam bir gelişimini bulur. Birey, praksis'iyle madde üzerinde etki ederek diyalektiği gerçekleştirir (Sartre 1985a:329). "Kendini meydana getiren, koşullandıran ve yabancılaştıran ortamdan hiçbir zaman ayrı düşünülemeyen bireyin praksis'i, meydana getirilmiş akıl olarak tarihteki meydana gelen akıldır" (Sartre 1985a:209).

2.2.2. Antidiyalektik

Sartre'a göre insan, yalnız doğaya, toplumsal ortama ya da diğer insanlara karşı değil, aynı zamanda kendini başkalaştıran kendi eylemine karşı da savaşmak zorunda kalır. Bu noktada praksis'in zorunlu ve yeni bir anı olarak antipraksis ile karşılaşılır (Sartre 1985a:236). İnsanın madde ile nesnel ilişkisi olarak antipraksis'in bu diyalektiğini Sartre, diyalektik karşıtı diyalektik, antidiyalektik ya da pasifliğin diyalektiği (la dialectique de la passivité) olarak da adlandırır. Sartre'da pasifliğin diyalektiğinin kendine karşılık geldiği varlık alanı pratik-eylemsizlik alanı, bu alanda varolan birlikte varoluş tipleriyse seri birliktelikler ve sınıflardır (1985a:181).

Sartre'a göre pasifliğin diyalektiği hiçbir zaman analitik akla indirgenemez (1985a:181). Çünkü doğadaki olgularla bu olgulara ilişkin bilgi arasındaki ilişki olarak analitik akıl, temelini doğadan aldığından ve doğanın diyalektiği savı da olanaklı olmadığından, pasifliğin diyalektiğinin geçerli olduğu varlık alanı olan pratik-eylemsizlik alanı hiçbir şekilde doğa alanıyla karıştırmamak gerekir. Pasifliğin diyalektiği ya da antidiyalektik, geçerlilik alanı eylemsizlik alanı olan ve tersine çevrilmiş praksis'e (le praksis retournée) uygun anlaşılabilirlik anıdır. "Bu sahte ya da tersine çevrilmiş diyalektik kendine özgü bir rasyonaliteye sahiptir" (Sartre 1985a:181).

Sartre'da praksis varlığı olarak aynı zamanda bir projeler varlığı olan insanın ilişkileri nedensel ilişkiler değil, teleolojik ilişkilerdir. İnsan, gerek bireysel praksis'inde, gerekse de grubun praksis'inde kendine amaçlar koyar ve bu amaçları gerçekleştirmeye çalışır. Bu etkinlik insanın kendini madde de nesneleştirmeye sevk eder ve bununla da o, maddede eriyip gider. İnsanın maddeyle nesnel ilişkisi, bazı zamanlarda ortaya konan amaçtan başka sonuçlar verir. Benzer bir şekilde insanların birbiriyle eylemi, ne bireyin ne de grubun ummadığı sonuçlarla da sonuçlanabilir. Bu durumda gizli olarak ereklenmiş amaç, gerçekte karşı bir ereksellliğin amaçları olur (Sartre 1985a:306-307). Böylelikle de praksis, kendini praksis karşıtlığına götürür.

İnsan, çalışmasıyla doğayı ve maddeyi aşmaya çalışmakla, aslında sürekli olarak antipraksis'i aşmaya çalışır. Bu durumda, antipraksis insanı bir sonraki praksis'e zorlar ve bununla da praksis'te değişimler ve gelişimler ortaya çıkar. Diyalektiğin yeni ve zorunlu bir anı olarak antipraksis insanın eylemi istediğinden başka türlü sonuçlandığında eylemine karşı savaşırsa, o zaman ilkel bir yabancılaşma (l'aliénation primitive) ortaya çıkar. Sartre'a göre, bu ilkel yabancılaşma bütün diğer yabancılaşma formlarından bağımsız temel bir yapıya sahiptir (1985a:236).

Sartre'a göre antipraksis, insana yalnız eylemsiz nesnelerde ya da işlenmiş maddede değil, karşı bir erekselliği amaçlayan insan eylemlerinde de kendini gösterir. Bu durumda başkası ve başkasının praksis'i benim için bir karşı ereklilik ya da antipraksis'tir.

Bütün bunların ardından Sartre'a göre, daha ayırdedici bir bakış açısıyla bakıldığında, aslında iki şeyin diyalektik olduğundan söz edilebilir. Bunlardan biri, bireyin diyalektiği, diğeri grubun diyalektiğidir. Pratik-eylemsizlik alanının anı ise gerçekte antidiyalektiğin anıdır. Ama bu antidiyalektiğin maddesel alanını diyalektik olarak adlandırmanın nedeni, bireyin eyleminin ve grubun praksis'inin kendilerinde içerdikleri iki temel negation nedeniyledir. Bireyin eyleminin negation'u bireyin ürünüyle ilişkisinde söz konusu olurken, grup praksis'inin negation'u seri ilişkilerin reddedilmesiyle ortaya çıkan negation'dur (Sartre 1985a:425). Ama Sartre'a göre, sonuçta, her negation insana gereksinimleri doğrultusunda ve madde aracılığıyla ulaşır (1985a:440). "Negation, gereksinim ve çalışma gibi temel ilişkiler içinde varolur" (Sartre 1985a:440).

Bu durumda antidiyalektiğin maddesel alanı olarak "pratik-eylemsizlik alanı evrensel bir pratiğin yeni bir anı değil, dışsallık ve çokluğun neden olduğu diyalektiklerin saf ve yalın negation'udur" (Sartre 1985a:445). Bu nedenle, nasıl ki insanın özgür etkinliği olarak diyalektik, kendi negation'unda maddesel koşulları koruyarak aşıyorsa, aynı şekilde pratik-eylemsiz zorunluluk olarak madde de özgür praksis'i, yani akış halindeki diyalektik çoklukları kendinde bulundurmak için onları aşar (Sartre 1985a:445).

> "Pratik-eylemsizlik alanı köleliğimizin alanıdır. Bu ideal bir kölelik değil, doğal ve makineleştirilmiş güçlerin, toplumdışı araç ve gereçlerin neden olduğu gerçek bir köleliktir" (Sartre 1985a:437).

Pratik-eylemsizlik alanında insan, çıkarını bir yazgı (un destin), yazgısını da çıkarı olarak yaşamayı engelleyebilecek tek araçtır (1985a:328). Böyle olmakla birlikte, çıkar ve yazgı kendi dışındaki varlığın çelişmeli iki statüsü olduğundan ve her zaman için aynı anda var olduklarından, zorunlu olarak pratik-eylemsizlik alanının sınırlarını belirlerler. Bu alanda ise işlenmiş madde, insanları aralarındaki çatışmalardan ve çalışma ilişkilerinden yararlanarak araç olarak kullanır. Başka bir ifadeyle, diyalektiğin bu anında insan, kendi dışında bir varlıktır. İnsanı, kendi dışında varlık olma durumundan, yani pratik-eylemsizlik alanının pasifliğinden kurtaracak olan da çıkar güdüsüdür. Çıkarı gereksinimlerini gidermek olan insanın bu amacı gerçekleştirmenin aracı ise praksis'tir (Sartre 1985a:329).

Sartre'da insanların pratik-eylemsizlik alanındaki birlikte varolma tipleri seri birliktelikler ve sınıflardır. Ona göre, pratik-eylemsizlik alanında seri davranışların yanı sıra, seri duygular ve seri düşünceler vardır (Sartre 1985a:373). "Seri (ise) bireylerin birbiriyle ve ortak varlıkla kurdukları bir varlık türüdür. Bu varlık türü, bireyleri sahip oldukları yapı içinde dönüşüme uğratır" (Sartre 1985a:373). Bu nedenle, üç tür praksis'i birbirinden ayırmak gerekir. İlki serinin praksis'idir. Serinin praksis'i, seri üyelerinin praksis'i, tam ya da bireyler tarafından tamlaştırılmış serinin praksis'idir. İkinci tür praksis olan ortak praksis ile Sartre'ın kastettiği ise grubun praksis'idir. Üçüncü tür praksis, bireysel meydana getiren praksis'tir. Ama Sartre'a göre, seri olmayan bütün praksis'leri ancak pratik-eylemsiz yapı olarak serinin praksis'i ortaya çıkarabilir. Bütün praksis'lerin kendinden çıktığı serinin praksis'inin pratik-eylemsiz tabakasının kendine özgü bir mantığı olmakla birlikte, bu toplumsal etkinlik düzeyinde, kendi kendini üreten düşünceye özgü yapılar da vardır. Ya da daha açık bir ifadeyle, bireyin ve grubun praksis'inde olduğu gibi, seri üyelerinin de pratik ve teorik davranışlarının bir rasyonalitesi vardır (Sartre 1985a:373).

Sartre'a göre, bugüne kadar sosyologlar tarafından hep ihmal edilmiş olan bu seri yapılar, en sıradan ve gündelik biraraya gelme tipleridir (1985a:376). Bir otobüs durağında otobüs bekleyen insanlar, aynı yazarın okuyucuları, aynı radyo kanalının dinleyicileri seri birlikteliklere örnektir. Ama otobüs bekleyen insanların oluşturduğu seri birliktelikler, şimdi ve burada olduğu için doğrudan seri birliktelikler iken, aynı yazarın okurları ile aynı radyo kanalının dinleyicileri dolaylı seri birlikteliklerdir. Aynı radyoyu dinleme ya da belli bir saatte belli bir radyo yayınını alma olgusu, farklı dinleyiciler arasındaki seri ilişkilerdir. Radyo dinleyicileri aynı anda ortak bir sesi dinleyen kişiler olmaları bakımından bir seri oluştururlar. Ortak ses, dinleyicileri kendine özgü kimlikleri içinde başka kimlikteki bir başkası olarak biraraya getirir (Sartre 1985a:383). Dinleyicilerden birinin bu seri ilişkide ortak sesin sahibi olan spikerle kurmuş olduğu ilişki ise insani bir ilişki değildir. Çünkü dinleyici, spikerin konuşmalarıyla sunduğu düşüncelerle ilişkisinde pasiftir. Bu pasiflik de çeşitli düzlemlerde ve yıllar boyu gerçekleştirilmiş bir etkinlikteki (l'activité) pasifliktir (Sartre 1985a:378). Bundan dolayı Sartre, seri ilişkilerin bulunduğu diyalektik tamlaşma hareketinin antidiyalektik anını, pasif aktifliğin ya da aktif pasifliğin diyalektiği olarak da adlandırır.

Dolayısıyla, görüldüğü gibi Sartre'a göre, seri ilişkilerde herkes, diğerlerinden başka biri olarak kendi olduğu gibi, diğerleri de ondan başka biri olduğu için onlar da kendidir. Böylece seri ilişkilerde her üye, düzen içinde kendi yerini alarak bir seri oluşturur (Sartre 1985a:370). Oluşturulan bu seriler ise ya rastlantısal etkenler tarafından ya da pratik-eylemsiz bir nesnenin gerçek ama aşkın olan birliği tarafından oluşturulmuştur. Bu gerçek ama aşkın olan birlik ise, sembolik bir birlik olmanın ötesinde (Sartre 1985a:372) yalnızca görünüşte bir birliktir (Sartre 1985a:371).

Sartre'a göre, pratik-eylemsizlik alanında bireysel etkinlikler arasında kurulan ilişkilerden oluşan bu görünüşteki birlik, negatif bir birlik ve bireylerin eylemlerindeki yetersizlikle tehdit edilen karşılıklı bağlılık olarak meydana getirilmiştir. Buna göre, bireyin seri etkinliklerinin iki temel özelliğinin, pasiflik ve yetersizlik (l'impuissance) özelliğinin olduğu söylenebilir (Sartre 1985a:408-409). Bu nedenle, pratik-eylemsiz gerçeklik olarak serinin varlığı, bir süreç olarak dış bir güç tarafından kışkırtılmış ve yönlendirilmiş bir gelişme olarak tanımlanabilir (Sartre 1985a:409-410).

Sartre'a göre toplumun en temeldeki yapısı olarak seriler, en sıradan ve gündelik seri ilişkilerden daha karmaşık seri ilişkilere kadar çeşitlilik gösterir (1985a:384). Seri ilişkilerin en karmaşık biçimi ise sınıflardır. "Sınıfın varlığı pratik-eylemsizdir ve bu varlık kendini serinin bir belirlenmesi olarak tanımlar" (Sartre 1985a:768). Diğer seri ilişkiler gibi pratik-eylemsizlik alanının sınırları içinde harekete sahip olan sınıfın varlığı seri bir statüye sahiptir (Sartre 1985a:413) "Sınıf, serilerin tamlaştırılmış serisidir" (Sartre 1985a:422).

Böylece serilerin seri tamlaşmışlığı olarak sınıfın seriliği, hangi sınıf olursa olsun, bireyi pratik-eylemsizlik alanındaki belli koşullarda, belli bir maddesel üretimle karşılıklı değiştirilebilir insanlaştırılmış bir varlık haline dönüştürür (Sartre 1985a:422). Bu durumda birey, toplumsal konumunun ve buna bağlı olarak kişisel gelişiminin belli bir sınıfın üyesi olmasıyla belirlendiğini görür (Sartre 1985a:341). Bireyin sınıfsal varlığı, bireyin kendi bireysel yazgısını gerçekleştirmesini engellememekle birlikte, ölümüne kadar bireysel yazgısını gerçekleştirmeye yönelik attığı her adımı, yalnızca sınıfsal varlığını üretmesinin olanaklı biçimlerinden biri olacaktır (Sartre 1985a:347).

> "Böylece sınıfın varlığının bireysel ya da ortak praksis'in pratik-eylemsiz statüsü olduğunu gördük...Bu pratik-eylemsiz varlık bize, ya bireyin gerçek

bir anı ya aktif bir grubun pasif statüsü ya da aksine eylemsiz maddesel bütünlüğün sahte aktif birliği olarak görünür" (Sartre 1985a:356-357).

Sartre'a göre sınıfın kendine özgü yapısı ve tarihsel gerçekliği, ancak üretim tarzının üretim ilişkileri doğrultusunda ürettiği bireyler merkezinde ortaya çıkarılabilir (Sartre 1985a:421). Bu anlamda, en yüzeysel bakış açısıyla bakıldığında, herkes belli bir sınıfın üyesi olmakla birlikte, sınıfın ortak varlığı, bütün katılığı içinde ancak işçi sınıfının eyleminin hareketinde kendini gösterir (Sartre 1985a:421). Başka bir ifadeyle "geçmiş, şimdi ve gelecekteki seri olarak sınıfın varlığı her zaman işçinin ontolojik statüsüdür" (Sartre 1985a:770).

Sonuç olarak, bu çalışmanın "Sınıf Savaşları" alt başlığı altında da aktarıldığı gibi, işçi, ücret sistemi ve kapitalist süreç sonunda makinenin bir parçası durumuna getirilerek patron tarafından ezildiği ve sömürüldüğünde, işçi sınıfı sendikalaşıp kurumlaşarak kaynaşma sınıfı olmaktan nesnelleştirilen bir sınıf haline gelir. Bu durumda, işçi sınıfıyla patron sınıfı arasındaki sınıf savaşları, antidiyalektik anın seri praksis'ini meydana getirilmiş anın grup praksis'i yönündeki diyalektik tamlaşma hareketine yol açar. Başka bir ifadeyle, bu, "grubun işçi sınıfının akış halindeki tamlaşması olarak ortaya çıkışıdır" (Sartre 1985a:765-766).

2.2.3. Meydana Getirilmiş Diyalektik

Sartre'ın meydana getirilmiş diyalektik ya da meydana getirilmiş praksis ile kastettiği grubun praksis'idir. Ona göre grup, meydana getirilmiş bir diyalektiğin hem öznesi hem de nesnesidir (Sartre 1985a:649). Tek tek bireylerin meydana getiren praksis'i biraraya gelerek grubun meydana getirilmiş praksis'ini oluşturur. Çünkü Sartre'a göre "bireyin eylemi, pratik ve diyalektik tek gerçeklik ve her şeyin hareket ettiricisidir" (Sartre 1985a:428).

Sartre, diyalektik tamlaşma hareketinin meydana getirilmiş diyalektik anında ortaya çıkan gruplarla ilgili incelemesinin ana eksenine, bir grubun oluşumunu, grup praksis'inin yapılarını ve ortak eylemin diyalektik rasyonalitesini, son olarak da, pratik-eylemsizliğe karşı savaşan grupları koyar (1985a:452). Onun gruplara ilişkin incelemelerinde grupsal oluşumlardan önce tarihsel ilerleyişin nasıl olduğu problemine yer yoktur. Çünkü ona göre, mevcut koşullarda bu anlamdan yoksun ve metafizik bir problemdir (Sartre 1985a:467). Sınıf savaşlarının belirlediği bir tarihsel ilerleyişte asıl önemli olan şey, ezilen sınıflardan grubun başkaldıran praksis'ine nasıl geçildiğini göstermektir (Sartre 1985a:453). Bununla aynı zamanda Sartre, pratik-eylemsizlik alanından meydana getirilmiş diyalektik alana nasıl geçildiğini göstermeyi amaçlar.

Sartre'a göre "doğayla içsellik ilişkisi olarak gereksinimin neden olduğu gerilim olmaksızın ne değişme, ne de ortak praksis var olabilir" (1985a:453). Gruplar, bir gereksinimden ya da ortak bir tehlikeden hareketle kendilerini meydana getirir ve praksis'ini belirleyen ortak bir nesnellikle de kendilerini tanımlarlar. Böyle olmakla birlikte, ne ortak gereksinim, ne ortak praksis, ne de ortak nesnellik, kendine ortak olarak bireyin gereksinimini alan ve bireyin ortak olarak ürettiği nesnellikler yönünde ortak biraraya gelmenin iç bütünleşmesinde kendini bulan bir ortaklığı (la communauté) tanımlayamaz. Bu nedenle azlık (la famine) olmaksızın böyle bir ortaklığa dayalı grup meydana gelemez (Sartre 1985a:454).

Bir grup, belli maddesel koşulların baskısı altındaki eylemsiz seriliğin ortadan kaldırılmasıyla meydana gelir (Sartre 1985a:465). Ama bir grubun meydana gelmesini sağlayacak asıl şey, doğrudan ya da dolaylı olarak organizmaların yaşamına ve ölümüne bağlı koşullardır (Sartre 1985a:466). Böyle olmakla birlikte, organizma, yapısı gereği tamlaşma ve tamlaşmış olan iken, grup akış halindeki tamlaşmadır. Başka bir ifadeyle, grup hiçbir zaman olmuş bitmiş bir tamlaşmış olan değil, her yerde ve herkes tarafından gerçekleştirilebilecek akış halinde bir tamlaşmadır (Sartre 1985a:486-510).

Sartre'a göre, işçinin işçi sınıfının seriliğini diyalektik tamlaşma hareketiyle aşması sonucunda ortaya çıkan gruplarla seriler arasındaki en temel farklılık, onların akışlarındaki biçimsel farklılıklardan kaynaklanır.

> "Seri hiçbir yerde değil, hep başka bir yerdedir. Aksine grup, hep buradadır ve onun başka bir yerde de olduğunu bildiğimizde, o, bu başka bir yerde olmayı aynı burada olan (le même ici) olarak meydana getirir. Grubun akışını bu anlamda anlamak gerekir. Serinin akışı geçiveren bir akıştır. O, başka şimdi-burada (ici-maintenant) olanlarla her şimdi-burada olanı niteliksizleştirerek ortadan kaldırır. Grubun akışı, şimdi-burada olanı, gerçek özgür etkinlik olarak aynı zamanda her yerde aynı kalan olarak meydana getirmek için, her yerden şimdi-burada olana gider. Praksis'im burada tamlaştırmış olduğum grubun praksis'i içindedir. Diğer her 'ben' olanlar da bu grup praksis'ini diğer bir burada olanda, (yani) grubun özgür gelişim sürecinde aynı kalanda tamlaştırır" (Sartre 1985a:495).

Bu nedenle praksis'te "başkası" yok, hep 'ben'ler vardır. Buna bağlı olarak, bir praksis'in özgür gelişimi ya tamdır ya da tamamen yabancılaştırılmıştır. "Böylece grubun sentetik birliği, herkesteki (her grup üyesindeki) ortak edimin sentetik özgür gelişimi olarak özgürlüktür" (Sartre 1985a:495-496). Başka bir ifadeyle, grubun asıl yapısı, bireyin özgür praksis'inin ortak özgür praksis olarak grup bireyleri tarafından kendini nesneleştirebilmesidir (Sartre 1985a:496). Grubu meydana getiren, bireylerin özgür pratik ilişkileridir (Sartre 1985a:487).

Sartre'a göre grup, ortak praksis'in aracı olarak meydana getirilmiştir (1985a:509). Dolayısıyla ilk bakışta, grup bir araçtır ama organizmanın etkili olduğu yerde o, bir bütün olarak hem araç hem de amaçtır. Bu nedenle, grubun praksis'i olarak "ortak praksis diyalektiktir" (Sartre 1985a:508). Bu ortak praksis, nesneyi tamlaştırır, tam bir amacı izleyerek pratik-eylemsizlik alanını birleştirir ve ortak pratik alanın sentezi içinde eritir. Buna göre, ortak praksis rasyonel olmak zorundaysa, onun bu rasyonalitesi diyalektik bir rasyonalite olmalıdır. Bu nedenle, ortak praksis her zaman anlaşılır olacağından, onun bu rasyonalitesinin bizce anlaşılır olması gerekir.

Pratik organizmanın özgür gelişimi olarak bireysel diyalektiğin kendine özgü özelliklerini taşımakla birlikte ortak praksis, bireyin praksis'inin basit bir birliği de değildir (Sartre 1985a:509). Ama her ne kadar da, grubun ortak praksis'inin birliği, işçi sınıfının tamlaşan hareketinin ürünü olsa ve grup praksis'inde çalışan birey olarak işçinin praksis'i temel bir yer tutsa da, tek başına grup praksis'inin birliğini açıklamada yetersiz kalır. Çünkü ortak meydana getirilmiş praksis, bireylerin özgür meydana getiren praksis'leridir (Sartre 1985a:510).

> "Meydana getiren akıl ile meydana getirilmiş akıl arasındaki farklılık iki kelimeyle söylenebilir: Biri, pratik bir organizmanın anlaşılabilirliğini kurarken; diğeri bir örgütlenmenin anlaşılabilirliğini kurar" (Sartre 1985a:511).

Sartre, grubun akış halindeki tamlaşması temelinde ve serinin negation'u anlayışından hareketle grupların oluşumunu incelerken, kaynaşma gruplarından (les groupes en fusion) ya da üyelerinin verdikleri sözle kurmuş oldukları gruplardan, örgütlü gruplara (les groupes organisé) ya da kurumsal gruplara (les groupes institutionnalisé) gider. Ona göre "kaynaşma grubunun özsel karakteri, özgürlüğün birden yeniden canlanışıdır" (Sartre 1985a:502). Bireyin praksis'i, ortak gereklilik temelinde ortak tehlikenin nesnel sürekliliğini içselleştirmiş olduğundan, kaynaşma grubu, gerçekte birliğini ancak gerçek ortak eylemde, yani ortak tehlikeyi ortadan kaldırmak için şiddetli, tehlikeli, bazen de ölümcül olan çabada bulur. Grubun tamlaşması hiçbir zaman ideal bir düzeyde, tam bir tamlaşmışlık değildir. "Grup tamlaşmasını kan ve terle gerçekleştirir" (Sartre 1985a:512). Bu nedenle, kaynaşma grubunun tek gerçek birliği olarak ortak praksis, şiddeti zorunlu kılan özgürlüktür. Bu özgür praksis, kaynaşma grubunu meydana getiren, meydana getirdikten sonra da onun devamını sağlayan ve ondaki ilk iç değişimleri gerçekleştiren praksis'tir (Sartre 1985a:517).

Sartre'a göre, grubun ontolojik statüsü, grup bireylerini birarada tutan ortak birliğin eylemsiz ve özgür sürekliliğinin pratik buluştur. Özgürlük, grubun sürekliliğini korumak için ortak praksis'i işler kıldığında, bu yeni statü ve pratik buluş söz verme (le serment) olarak adlandırılabilir (Sartre 1985a:518). Söz verme dolaylı karşılıklılıktır. Onun türetilmiş bütün formları, en temeldeki söz verme biçimine, yani mahkemede tanığın yalnız doğruyu söyleyeceğine ilişkin verdiği söze ya da kutsal kitap üzerine verilen söz verme biçimine bağlıdır. Ama söz vermeyi toplumsal bir sözleşmeyle de karıştırmamak gerekir. "Söz verme ne öznel bir karar, ne de basit bir söz söyleme eyleminin kararlılığı" (Sartre 1985a:521); ne gerçek bir eylem, ne de açık bir karardır (Sartre 1985a:541). Söz verme, düzenleyici eylemimle gruptaki gerçek bir değişim (Sartre 1985a:521); söylenen sözlerin karşılıklı belirlenmesidir (Sartre 1985a:528).

Kaynaşma grubunun ontolojik statüsü olarak söz verme pratik bir buluştur. Bireysel bir olanaklılıktan çok toplumsal bir olanaklılık olan söz verme, ancak bireylerin birbirlerine verdikleri sözle oluşturdukları bir grup temelinde düşünülebilir. "Bu anlamda söz verme, geleceğin eylemsiz bir belirlenimidir" (Sartre 1985a:519). Bu eylemsizlik ise, her şeyden önce, diyalektikteki diyalektiğin negation'udur.

Sartre'a göre, söz verme, grubun kendisini ortadan kaldırmasından korktuğu seri ilişkiler karşısında, kendine özgü bir şekilde geliştirdiği bir araçtır. Bununla o, pratik-eylemsizliğin tehlikelerine karşı korunmak için yapay bir eylemsizlik yaratır (1985a:520). Söz verme davranışı, özgür praksis'i amaç edinen, bu özgür praksis'i özgür bir şekilde sınırlama çabasında olan davranıştır (Sartre 1985a:523). "Söz verme, özgür yükümlülüklerin özgür ilişkisi" (Sartre 1985a:532); grubun bütününün güvenliğini sağlamak için gruptaki her tekin özgürlüğüdür. Söz vererek birbirine bağlanmış bir grubun üyeleri, bunu özgür bir şekilde ortak praksis'in gerçekleşmesine katkıda bulunarak sağlarlar. Böyle bir gruptaki bireyin eylemi ise diyalektik bir özgürlük içinde kendini gerçekleştirir (Sartre 1985a:527).

Sartre'a göre "söz vermenin asıl kaynağı korkudur" (1985a:528). Söz vermeye yol açan bu korku, temelini grubun kendisinde bulan gerçek bir korkuyu, dış bir korku yerine koyma projesidir. Serinin ortadan kaldırma tehlikesine karşı grubun özgür üretimi ve zorlayıcı eylemi olarak bu korku, terördür. "Terör, zorunluluğa karşı ortak özgürlüğün şiddetidir" (Sartre 1985a:529). Söz vermeyle biraraya gelmiş grubun temel statüsü olarak bu özgür şiddet, ortak eylemdeki özgürlükler arasındaki gerçek pratik bağdır. "Anlaşılabilir tek şiddet, inorganik maddenin dolayımlamasıyla özgürlük üzerindeki özgürlüğün şiddetidir" (Sartre 1985a:815). Oysa söz verme, şiddet statüsünün dolaylı karşılıklılığı tarafından üretilmiş ortak üretimdir. Grubun bireyleri bir kez söz verdi mi grup, zorunluluğa karşı bireylerinin özgürlüğünü güvence altına almak zorundadır. Böyle bir gruptaki bireylerin özgürlüğü, kendi özgürlüklerine karşı grubun şiddetini gerektirir. Bu şiddetin amacı, düşmanın varlığından duyulan korku karşısında özgür korunma olarak terörü, grup bireylerinin grubun varlığını tehlikeye atmasını önlemek için kullanmaktır. Bu aşamada söz verme, maddesel bir eylem haline gelir. Bu eylemin ilk anında, bireylerin "söz veriyoruz" u ortak statünün pratik dönüşümüne denk gelir. Bu anda, ortak özgürlük kendini terör olarak meydana getirir. Söz vermelerin art arda ve eşzamanlı yükümlülük anı olan ikinci anda ise, terörün maddeselleşmesi, maddesel bir nesnede yeniden ortaya çıkması söz konusudur (Sartre 1985a:530).

Böylece söz verme, kaynaşma grubunun yaygın yapısı olarak şiddeti ortaya çıkarır ve onu haklı gösterir. Şiddetin ortaya çıkmasının ardından söz verme onu ortak ilişkilerin yapısı içinde dönüşüme uğratır (Sartre 1985a:530).

Söz vermiş bireyleri biraraya getiren maddesel güç, tamlaşma olarak grubun gücüdür. Düşmanca bir tamlaşmışlığın zorunlu güçlülüğü olarak bu güç, doğrudan ve sürekli olarak gruptaki bireyler için yaşamını kaybetme olanaklılığıdır. Örneğin, dinsel bir grupta Tanrının gözleri önünde söz veren birey, bu sözüne ihanet ettiğinde, hiç kimse grubun ihanet edeni öldürmesini engelleyemez. Başka bir ifadeyle, bu durumda yaşama ve ölme hakkı grubun kendi statüsüdür. (Sartre 1985a:530-531).

Bütünün korkusu yerine kendinin ve başkasının korkusunu koyan özgür bir girişim, şiddeti, ortak özgürlük aracılığıyla bireysel yabancılaşmanın aşılması için yeniden güncelleştirir. İşte Sartre'a göre, şiddeti güncelleştiren bu özgür girişim, söz vermenin ta kendisidir (1985a:531). Grup içindeki bireylerin birinin sözü diğeri için bir güvencedir. Bireyler verdikleri sözle, grubun dağılma tehlikesini en aza indirgeyen ontolojik statüsünü sağlamlaştırırlar. Birey söz vererek aslında grubun diğer üyelerinden ortak özgürlüğü güvence altına almasını ister. Dolayısıyla bu anlamdaki özgürlük de, özgür bir şekilde sınırlandırılmış özgürlüktür (Sartre 1985a:539-540-541). Ortak özgürlüğün bu güvencesinin anlamı ise şiddettir. Başka bir ifadeyle, şiddet benim özgür ihanetime karşı güvencedir. Şiddet her yerde, her yerde ise ilk ortak statü olarak terör vardır. Bu terör, koşulların birliğini bozmadıkça birleştiren yapıcı terördür. Terör aracılığıyla ortak bireylerin verdikleri sözle meydana getirilmiş insanlar, birbirlerine aynı kişilermiş gibi davranırlar. Yani sınırlanmış özgürlüklerini gruptaki varlıkları, gruptaki varlıklarını da özgürlüklerinin varlığı olarak burada ve her yerde yaşarlar. “Bu anlamda terör, her tekte ve bütünde, zorunluluk üzerindeki özgürlüğün gücü olarak insanları biraraya getiren ilk birliktir” (Sartre 1985a:533).

Sartre'a göre bireylerinin verdikleri sözle oluşturdukları gruptaki üyelerin ilişkileri karşılıklılık ilişkileridir (1985a:535). Bu karşılıklılık ilişkileri çerçevesinde birarada olan bireyler aynı zamanda kardeştirler. Kardeşlik (la fraternité) temelini, doğaların derin özdeşliğinden kaynaklanan bir fizik benzerlikten almaz. Gruptaki bireyler, ortak pratik buluşları olan söz vermenin yaratıcı edimi aracılığıyla kardeştirler. “Gruptaki kardeşlik, gerçek ailelerde olduğu gibi, karşılıklı ve tek bir yükümlülükler bütünüyle kendini gösterir” (Sartre 1985a:535). Bu bakış açısında kardeşlik, ortak bireylerin gerçek bağıdır. Çünkü kardeşlik temelindeki karşılıklılık ilişkilerinde birey, başkasını ve kendi varlığını karşılıklı yükümlülükler çerçevesinde yaşar. "Kardeşlik, aynı grubun üyeleri arasındaki bütün karşılıklılık ilişkilerinin pratik ve temel yapısıdır" (Sartre 1985a:536).

Sartre'a göre meydana getirilmiş grup, ortak bireylerin ürünüdür (1985a:536). Bireyler, gruptaki kardeşlik bağları içinde ancak bu ortak bireyin grup içindeki üretimini kavrarlar. Bu kardeşlik, bireyin diğer birey üzerindeki hakkı temelindeki bütün bireylerin hakkıdır. Kardeşliğin temeli ise şiddettir. Öfke ve şiddet, aynı zamanda hem ihanete karşı uygulanan terör, hem de bu terörü uygulayanlar arasındaki "aşk"ın pratik bağı olarak yaşanır. "Şiddet, aşkın bu karşılıklığının bizzat kendi gücüdür" (Sartre 1985a:537). Böylece ortak bireylerin bütün iç davranışları, örneğin linç etme ve öfke olduğu kadar, kardeşlik, aşk ve dostluk da terörün korkunç gücünden çıkar (Sartre 1985a:538).

Sartre'a göre, grubun bütün üyeleri aynı sözü vermiş olduklarından ve herkes özgürlüğünü başkasının özgürlüğüyle sınırladığından grubun üyeleri birbirleriyle kardeştirler (1985a:538). Gruptaki bireylerin diğer grup bireyleri üzerinde sahip olduğu şiddet hakkı olarak kardeşlik, gruptaki bireylerin özgürlüklerinin ortak ve karşılıklı olarak sınırlanmasına yol açar. Şiddet pozitif karşılıklılıkların içkinlik bağıdır. Bu nedenle kardeşlik bağının pratik gücü, kaynaşma grubunun baskı grubu haline özgür dönüşümünden başka bir şey değildir (Sartre 1985a:536).

Kardeşlik, ihanet ve sapkınlık gibi durumlar düşünüldüğünde, yalnızca şiddetle ayakta kalamayacağı gibi şiddetle de tamamen karşıtlık içinde değildir. Kardeşlik daha ziyade, dostun şiddeti (la violence-amitié), yani dostluk ilişkilerinde yaşanan şiddete dayalı güç olarak şiddettir (Sartre 1985a:538). "Bütün yakınlarım (dostlarım) için şiddetin kardeşiyim" (Sartre 1985a:537). Sartre'a göre grubun dağılmasını önleme gereksiniminden doğan bu dostun şiddeti, aynı zamanda yeni bir gerçeklik olarak ihanet davranışını ortaya çıkarır. "Bu davranış, pozitif şiddet olarak kardeşliği, negatif şiddet olarak teröre dönüştüren davranıştır" (Sartre 1985a:539). İhanet durumunda kardeşlik, terörle birlikte linç etmeye ya da acımasız cezaya dönüşür.

Sartre'a göre grup, durmadan ortak praksis'i belirler, yönetir, denetler ve düzenler. Hatta belli durumlarda ortak praksis'i gerçekleştirecek ortak bireyleri bile ortaya çıkarır. Ama bu işlemlerin bütünü de ayrımlaşmayı (la différenciation) gerektirir. Ortak nesnellik, yani ortak çıkar, ortak tehlike ve ortak gereksinim bu ayrımlaşmanın temelidir. Bu durumda görevlerin bölüşümü, öncelikli bir bölüşümü, yani grupta özelleşmiş araçları var etmeyi gerektirir. Zaten gruplaşma ya da örgütlenme demek, görevlerin bölüşülmesi demektir (Sartre 1985a:544). Ortak praksis, görevlerin karşılıklı ya da art arda belirlenmesidir. Bu da örgütlenmiş bir grubun kendine özgü doğrudan tek eylemidir (Sartre 1985a:559-560). Örgütlenmiş bu grup zamanla koşulların baskısıyla akışkan ve değişebilir bir homojenlikten düzenlenmiş, kurallı bir heterojenliğe geçmek zorundadır (Sartre 1985a:560).

Belli bir örgütlenmede grubun varlığı, artık insan ilişkilerinin çok anlamlı ve soyut bir belirlenmesi değildir. Örgütlenmiş ilişkiler, bireyi her tekle ve bütünle birleştiren ilişkilerdir. Burada artık söz verme temelinde kurulmuş güçlerin karşılıklığı söz konusudur. Bu nedenle, örgütlü bir grupta, insan ilişkileri özgür bir şekilde kabul edilmiş kendine özgü sınırlar temelinde kurulmuştur. Dolayısıyla buradaki ilişkiler artık belirlenmemiş basit ilişkiler değildir (Sartre 1985a:563). Ortak her bireyin örgütlü gruptaki yeri, açık bir şekilde belirlenmiş ve gruptaki doğrudan ya da dolaylı ilişkileri zorunlu olarak kendine özgü bir nitelik kazanmıştır (Sartre 1985a:564).

Söz verme temelinde kurulmuş örgütlü gruptaki tek karşılıklılık biçimi, grup bireyinin özgürlüğünü özgür bir şekilde sınırlamaya yol açan bir karşılıklılıktır (Sartre 1985a:566). Örgütlü grup, ancak çok sayıdaki karşılıklar alanının ilerletici sentetik açısından pratik ve canlıdır (Sartre 1985a:574). Bununla birlikte, söz verme temelinde kurulmuş bir örgütlenmedeki görevlerin heterojenliğini düzenleyen edim, ilk bakışta, mutlak ve tam bir egemenliktir (Sartre 1985a:666). Oysaki buradaki egemenlik, kendini kendi karşılıklığıyla sınırlayan bir egemenliktir. Böyle bir egemenlik sisteminde herkes egemendir. Başka bir ifadeyle "her tek, bütünün egemenliğinin egemenidir" (Sartre 1985a:667). Örgütlü bireyin güvence altına alınmış egemenliği, hiçbir zaman aşkın bir egemenliğin boyutlarına kadar gitmeyecektir.

Sartre'a göre, örgütlü gruplar da zamanla kendilerini hiyerarşik bir şekilde dönüştürerek, grup üyelerinin verdikleri sözler artık kurumsal bir örgütlenmenin temeli haline gelir (Sartre 1985a:671). Örgütlü grubun kendini dönüştürme isteğinin temelinde ise, örgütlenme içinde süreklilik kazanan bir tehlikeye karşı yeni önlemler alma gerekliliği vardır. Bu önlemlerin başında ise, grubun organlarını, görevlerini ve güçlerini birer kurum haline dönüştürmek gelir. Grubun yapısındaki bu iç oluşum aslında, eylemsizliğin güç kazanmasına ve seri ilişki biçimlerinin yeniden ortaya çıkmasına karşı mücadele etmeyi amaçlar (Sartre 1985a:678).

Sartre'a göre kurumsal bir yapının en temel özelliği değişmezliğidir (1985a:687). Buna göre, kurumlaşmış gruptaki bireyin praksis'i artık kendi kendini belirleme yeteneğine sahip değildir. Gruptaki kurumsal yapının amacı, bireylerinin kendi kendilerini sistematik bir şekilde evcilleştirdiği bir yapı kurmaktır. Amaç böyle tipte bireyler yaratmaktır. Bu açıdan kuramsal varlık, herkesteki pratik özgürlükle kendini aşacak olan inorganik varlığın önceden kurulmuş eylemsizliğidir (Sartre 1985a:692). Başka bir ifadeyle "eylemsizliğin dışlaşması olarak kurumsal sistem" (Sartre 1985a:693) seri ilişkilerin başka bir biçim altında yeniden ortaya çıkmasıdır (Sartre 1985a:694). Buna göre kurumlar, varlıksal açıdan, serileştirilmiş ortaklığın inorganik varlığıdır (Sartre 1985a:694-695). Kurumlaşmış grup, üyelerinin pratik özgürlüğünü serileştirilmiş bir ortaklığın özgür praksis'i haline dönüştürür (Sartre 1985a:705).

Son olarak, Sartre'a göre kurumlaşmış gruplardan oluşturulmuş kurumsal bir sistemde, durmadan kendini yenileyen ve üyelerinin kısmi bir yenilenmesiyle oluşumunu değiştiren bir kurumsal grup olarak devlet ortaya çıkar (1985a:721). "Devlet, egemen sınıfın bir belirlenmesidir ve bu belirlenme sınıf savaşları tarafından belirlenmiştir" (Sartre 1985a:723). Başka bir ifadeyle devlet, egemen sınıftaki iç çatışmalar arasındaki dolayımlama olarak kendini meydana getirir. Devlet için bu iç çatışmalar, egemenliği altına aldığı sınıfların karşısında zayıf duruma düşme tehlikesine yol açar. Bu nedenle devlet, her zaman özel çıkar çatışmalarının ötesinde, egemen sınıfın genel çıkarını korur (Sartre 1985a:722). Devlet, egemen sınıfın yararına olacak bir şekilde, ulusal tamlaşmadaki sınıf çatışmalarını ortadan kaldırmaya çalışarak kendini gerçekleştirir (Sartre 1985a:724).

2.3. Diyalektik Tamlaşma Hareketinin Anlaşılabilirliği Problemi

İleriye yönelik- geriye dönük olmak üzere birbirini tamamlayan iki andan oluşan diyalektik metodun geriye dönük anında, diyalektik tamlaşma hareketinin anlarını ortaya koyan Sartre, ileriye yönelik anda, geriye dönük anda ortaya koyduklarını değerlendirmek amacıyla diyalektik tamlaşma olarak tarihin hareketini inceleme konusu yapar. Sartre'ın *Diyalektik Aklın Eleştirisi*'nin İkinci Cildinde inceleme konusu yaptığı tarihe, özellikle de tarihin anlaşılabilirliğine (l'intelligibilité de l'histoire) ilişkin temel sorusu "tarihin bir anlamı var mıdır?" sorusudur. Ona göre "tarihin bir anlamı var mıdır?" sorusu da "tarihin hareketinin yöneldiği bir proje var mıdır?" sorusuyla aynı sorudur. Flaubert örneğinde, diyalektik metot temelinde Flaubert'in *Madam Bovary*'i yazmaya götüren projesini, yani Faubert'in bireysel praksis'ine yön veren projesini anlamaya çalışan Sartre, aynı bakış açısıyla, tarihsel akıl olarak diyalektik aklın hareketini belirleyen projeyi anlamak için de diyalektik metodu, başka bir ifadeyle diyalektik anlamayı (la compréhension dialectique) kullanır. Çünkü Sartre, diyalektik tamlaşma anlayışını, tek bir bireyin yaşamıyla insanlık tarihinin özdeşliği anlayışı temelinde ortaya koyar (1985a:184).

Sartre'a göre, analitik-sentetik ve ileriye yönelik-geriye dönük metot olarak diyalektik anlama metodunun ayrıntıları kavranmak istendiğinde, bireyler ya da gruplar arasındaki çatışmaların tarihin hareket ettiricisi olduğunu, tarihin her an tamlaşmaların tamlaşmalarını gerçekleştirdiğini kabul etmek gerekir (1985a:135). Çünkü diyalektik anlama, ancak tamlaşma hareketi temelinde ortaya konabilir (1985b:11). Başka bir ifadeyle "diyalektik aklın anlaşılabilirliği kolayca kurulabilir. (Çünkü) bu anlaşılabilirlik, tamlaşma hareketinden başka bir şey değildir" (Sartre 1985a:163). Bu durumda "diyalektik aklın temel anlaşılabilirliği, bir tamlaşmanın anlaşılabilirliğidir" (Sartre 1985a:161). Tamlaşma ise, praksis'in belli koşullarda ve belli bir amaç doğrultusundaki gelişimidir. Pratik organizmanın praksis'inin bu gelişiminde ortaya çıkan çelişmeler, bu praksis'in anları olarak görülmelidir. Bu çelişmeler, pratik alanda kendini gösteren çalışmanın geriye döndürülemez bir şekilde zamanın akışına katılmasıyla ortaya çıkarlar. Pratik alanda eylemin yol açtığı her türlü dönüşüm de akış halindeki tamlaşmanın kısmi ilerleyişi olarak görülmelidir. "Bu kısmi ilerleme (ise), kendine özgü çelişmede kendi kendinin anlaşılabilirliğine sahiptir" (Sartre 1985b:11).

Sartre'a göre diyalektik, tamlaşmanın belli kesimlerinde, varolmanın ve bilmenin nedeniyse, kendini çifte bir anlaşılabilirlik olarak açığa çıkarmalı ve anlaşılabilirliğini kendinde taşımalıdır (1985a:161). Buna göre, iki tür anlaşılabilirlik söz konusudur. İlki, diyalektiğin yasalarını tamlaşma anlarına indirgemekten ibarettir. Burada, bizdeki a priori ilkeleri kavramak yerine, nesnelliği içinde diyalektiği kavramak ve onu tamlaşan hareket olarak anlamak gerekir. İkinci tür anlaşılabilirlik, kendini zamanın akışına katan tamlaşma aracılığıyla, yani diyalektik şemaların eleştirel uygulanımıyla tamlaşmanın kısmi anlarının anlaşılabilirliğidir (Sartre 1985a:172-173). Bu durumda, olduğumuz tamlaşma içinde (dans la totalisation que nous sommes) diyalektik akıl, üstünlüğünü her durumda, tarihsel olguların anlaşılması için ispatlamak zorundadır (Sartre 1985a:173). "Böylece diyalektik anlaşılabilirlik, pratik bir tamlaşmış olanın her türlü yeni belirlenmesinin anlaşırlığına dayanır" (Sartre 1985a:176). Bu belirlenme ise, önceki bütün belirlenmelerin tamlaştırıcı aşmasından ve devamından başka bir şey değildir. Bu aşma ve devam da gerçekleşecek bir tamlaşmış olan aracılığıyla açıklanmıştır (Sartre 1985a:176).

Tamlaşma hareketindeki çelişmeler, bütün ile parçanın ve parçaların birbiriyle anlaşılır ilişkileridir (Sartre 1985b:12). Bu genel anlaşılabilirliğin temel özelliği kendi kendini somutlaştırabilmesidir. Bu somutlaşmada, hareketli karşıtlıklar bütünü olarak çelişmeler, tasarlanmış bir amaçtan ve aşılmış durumlardan hareketle kendini açığa çıkarır. Dolayısıyla Sartre'a göre, eylemin her anında çelişmeler vardır. Çünkü eylem, aynı zamanda hem tamlaşmayı hem de özgünleşmeyi[1] (la particularisation) gerektirir (Sartre 1985b:12).

Sartre'da praksis'in gerçek yapısı olarak çelişmeler anlaşılabilir. Bu nedenle çelişmenin bağlı olduğu tamlaşma ve özgünleşme gibi faktörler de anlaşılabilir. Sartre, bu üç faktörü diyalektik anlaşılabilirliğin üç faktörü olarak nitelendirir ve şunu sorar: "Tamlaşma, özgünleşme ve çelişme[2] diyalektik anlaşılabilirliğin üç faktörü ise, bireyler ya da gruplar arasındaki bir savaşın diyalektik olarak anlaşılır olduğunu nasıl kavrayabiliriz" (Sartre 1985b:13).

2.3.1. Bir Savaşın Diyalektik Anlaşılması

Sartre'a göre savaşın anlaşılabilirliği problemi, gerek Hegelci idealizm, gerekse de dışın (doğanın) diyalektik dogmatizmine göre cevaplandırılacak bir problem değildir. Çünkü onlara göre, kişiler ve toplumlar kendilerini ortaya çıkaran ve aşan bir tamlaşmanın kısmi anlarına yapıları gereği uygun değildir. Oysa Sartre'a göre çatışmacı karşılıklılığın çifte praksis'i olarak savaş, özel bir çelişme türü ya da tamlaşmanın belli bir anıdır. Bu nedenle savaş, ancak tamlaşan praksis aracılığıyla anlaşılabilir (Sartre 1985b:102). Savaşta savaşan taraflar tamlaştığı ve bu

---

[1] Sartre'a göre, buradaki özgünleşmeler ya bir kesimin, ya bir halin, ya da bir ayrıntının özgünleşmesidir (1985b:12).

[2] Sartre'a göre diyalektik anlama faktörü olarak çelişme, çatışmanın anlamıdır (1985b:97).

tamlaşmayla karşısındaki düşmanının tamlaşan eylemini aştığı için de çatışmacı karşılıklılık, savaşan taraflar arasındaki içkin bağdır. Bu durumda, karşılıklılık olarak savaşın, anlamanın karşılıklı işlevi olduğunu anlamak zorundayız. Başka bir ifadeyle, savaşın anlaşılabilir olmadığını düşündüğümüzde, karşılıklı praksis amaç ve anlamdan yoksun kalacaktır. Çünkü "anlamak, karşılıklığın doğrudan olgusudur" (Sartre 1985a:892).

Bu noktada, Sartre açısından asıl cevaplandırılması gereken temel sorular, "savaş, akış halindeki tamlaşmanın belli bir anı ise, akış halindeki bir süreç diyalektik anlaşılabilirliğe nasıl sahip olabilir?" (1985b:13) ya da "karşılıklı ve negatif tamlaşmanın nesnel olgusu olarak savaş, diyalektik anlaşılabilirliğin koşullarına sahip midir?" (Sartre 1985b:17) sorularıdır.

Sartre'a göre, savaşın anlaşılabilirliğine ilişkin bir araştırmada, bağımsız değişkenin seçilmesinin teorik olarak olanaklı olduğu bir araştırma tarzı olarak analitik ya da pozitivist araştırma tarzı yetersiz kalır. Çünkü doğa bilimlerinde kullanılan bir araştırma tarzı olarak analitik araştırma savaşı nesne edindiğinde, tarzı gereği geçmişteki savaşlardan hareketle çok daha karmaşık olan gelecekteki savaşlara yönelir. Ama bu yönelim, her zaman tarihsel gerçekliği ve bir çatışmanın zamansal bireyselliğini kuran bütün etkenleri ihmal eder. Bu gerçekliği ve bireyselliği kuran etkenler de üçlü bir eksiklikten, zamanın, araçların ve bilginin eksikliğinden kaynaklanır (Sartre 1985b:17).

Tek bir savaşı anlamak, başkasının praksis'ini kendine özgü nesnelliğindeki içkinlikte kavramak demektir (Sartre 1985a:892). "Çünkü bir projenin diyalektik anlaşılabilirliği, başkasının projesini anlamaya dayanır" (Sartre 1985a:887). Düşmanımı kendimle, kendimi düşmanım aracılığıyla anlıyorum. Başka bir ifadeyle düşmanımı, ona karşı kendimi korumak için ürettiğim eylemle içten ve doğrudan anlıyorum. Doğrudan ve içten anlamak, başkasının praksis'ini onun amaç ve araçlarıyla kavramak demektir. Bu nedenle, eksiklik alanındaki negatif karşılıklılık ve başkasını ortadan kaldırma projesi olarak savaş, başkasını anlamada bir derinleşmedir (Sartre 1985a:892).

Sartre'a göre savaşın anlaşılabilirliğini araştırmada asıl önemli olan şey, savaşa yol açan gruplardan hareketle her savaşın tekliğinde, diyalektik anlaşılabilirliğin üç faktörünü, tamlaşmayı, özgünleşmeyi ve çelişmeyi ortaya çıkarmaktır (1985b:20). Başka bir ifadeyle, savaştaki çatışmalı edimlerin her birini tekliğinde anlamak demek, bu edimleri aşarken koruyan negatif belirlemelerden hareketle onları, yetersizlikleri, yetkinsizlikleri ve yanılgıları içinde anlamak demektir. Çünkü "tarihin somut ve mutlak gerçekliği, ancak, tek tek insanları tek nesnellikte biraraya getiren pratik ilişkilerin tekliğinde olabilir (Sartre 1985b:347).

Bununla birlikte, tarihsel problem, yalnız herhangi bir olayın belli tarihsel koşullardaki en olanaklı olay olup olmadığını bilmeyi değil, aynı zamanda bu olayın pratik ve tamlaşan şemaya uygun olup olmadığını da bilmektir. Gerçekten de bir eylemin tarihselliği, hiçbir zaman olayın en olanaklı çözümüne bağlı değildir. Çünkü en olanaklı çözüm, ancak olayı belirleyen bütün unsurlara sahip olunduğunda bulunabilir (Sartre 1985b:18). Bu durumda, savaş ancak diyalektik olarak anlaşılabilir olmak zorundaysa, onun anlaşılabilirliği bir praksis sürecinin anlaşılabilirliği olmak zorundadır. Çünkü "praksis sürecinin kendinde varlığı, tarihimizin her türlü olanaklı nesnelliğinin temelidir" (Sartre 1985b:333). Süreç ise, ancak, bir praksis'in başka bir praksis tarafından ortadan kaldırılması olarak tanımlanabilir (Sartre 1985b:19). Böyle bir hareket noktasında da praksis süreci olarak tarihin tamlaşan olduğu kabul edilirse, savaşın da tamlaşan bir yapıya sahip olduğunu kabul etmek gerekir. Bununla birlikte, tamlaşmış olan olarak savaş, diyalektik olarak anlaşılabilir bir statüye sahipse, o zaman savaşan bireyleri ya da grupları ortak esere katkıda bulunan toplumsal yapılar olarak görmek gerekir. Savaşın tortusu olarak bu ortak eser, çalışan grubun nesneleşmesi olarak görülmelidir (Sartre 1985b:21).

Sartre'a göre, savaşın anlaşılabilirliği araştırıldığında, savaşların hiçbir zaman insanlık tarihinin rastlantısal olgusu olmadığını unutmamak gerekir. Savaşlar, insanların eksikliği aşmak için sürekli olarak eylemleriyle eksikliği yaşama biçimleridir. Başka bir ifadeyle "savaş, insanların birbirleriyle kurdukları bir ilişki olarak eksikliktir" (Sartre 1985b:22). İnsanın eksiklikler alanı olarak evrenle kurduğu pratik ve teknik ilişki de ancak insanın çalışmasıyla gerçekleşir. Dolayısıyla insanlık tarihinin yapıcısı olarak çifte çalışma-çatışma (travail-conflit) ilişkisi kavrandığında, tarihimizin bütün olanaklı tarihler arasındaki tek bir durum ve tarihin insan eylemleri arasındaki olanaklı ilişkiler sistemi içinde tek bir ilişki olduğunu da bilmiş oluruz. Bu durumda, savaşın tarihin evrensel yapısı olduğunu göstermek için, pratik organizmalarla bu organizmayı besleyen ve taşıyan dış çevre arasındaki tek gerçek ilişkinin eksiklik olduğunu göstermek gerekir (Sartre 1985b:23). Çünkü savaş durumunda "söz konusu olan yaşamak için savaşmak" (Sartre 1985a:891); yani eksikliği aşmak için savaşmaktır.

Sartre'a göre tamlaşma akış halinde bir süreç olduğundan, tarihsel sürecin her anında tamlaşma hareketi etkide bulunur. Bu nedenle, diyalektik tamlaşma hareketindeki bütün pratik yapıların diyalektik bir anlamı vardır ve bu tamlaşma hareketindeki her tek olay, tekliğinin zengin sınırsızlığında bütün bu pratik yapıyı tamlaştırır. Bu bakış açısı temelinde şu sorulabilir: Her tek savaş kendinde bütün savaşların tamlaşmasını taşır mı? Ya da bir çatışmayı anlama, toplumun yapısını belirleyen eksiklikte olduğu gibi temel çatışmaların tamlaşan anlamasını zorunlu olarak kendinde taşır mı?

Sartre'ın bu soruları cevaplandırırken temele aldığı kavram ise "somutlaşma" (l'incarnation) kavramıdır. Ona göre, sentetik bir birleşimde parça, bütünün ya da bütünlüğün tamlaşması olduğu ölçüde somutlaşma, tamlaşmanın akış halindeki ya da tamlaştırılmış bütünlüğü olacaktır. Bununla söylenmek istenen, parçanın bütünün sembolü olduğu değil, parçanın gerçek ve pratik bir şekilde kendini şimdi ve burada üreten tamlaşmış olan olarak gerçekleştirdiğidir. Örneğin her boks maçı, bütün temel şiddetin somutlaşması olarak boksun bütününü somutlaştırır (Sartre 1985b:36). Ya da başka bir ifadeyle "bir şiddet edimi her zaman şiddetin bütünüdür; çünkü tek şiddet edimi içselleştirilmiş eksikliğin yeniden dışlaşmasıdır" (Sartre 1985b:37). Bu eksiklik de, hiçbir zaman soyut ya da toplumsal bütünlüğün dışındaki bir ilke değildir. Dolayısıyla içselleşme, nesnel gerçeklik olarak güncel eksikliğin içselleşmesidir.

Sartre'a göre, doğrudan tamlaşma olarak somutlaşma, bireyselleştirilmiş tamlaşma (la totalisation individuée) dır (1985b:37). Bu "somutlaşma, praksis ya da praksis sürecidir" (Sartre1985b:39). Dolayısıyla tamlaşma ile somutlaşma arasında hiçbir ontolojik ya da mantıksal farklılık yoktur. Somutlaşma, somut ve gerçektir. Tamlaşma ise ancak somutlaşmanın ilkesi olan sınırlamalarla hareket eder. Başka bir ifadeyle, bütünün tamlaşması tarafından içerilmiş her iç tamlaşma, somutlaşmanın praksis süreci olarak kendini gerçekleştirir. Bu durumda, her pratik ve somut gerçekliğin, akış halindeki tamlaşmaların tamlaştırılmış bütünlüğünden başka hiçbir pozitif içeriği yoktur (Sartre 1985b:42).

Somutlaşma, bireysel zorunsuzluğun zamansallığı ve canlanması olarak kendini gösteren somut evrendir. Bu anlamda, bir savaşın rastlantısal yanı, bütün savaşların rastlantısal yanlarıyla ilgilidir. Bu da bir çatışmanın zorunlu yapısıdır. Bu yapının zorunluluğu, çatışmanın kendi bireyselliğinde çatışmayı yaratanlarca üretilmiş ve kavranmıştır (Sartre 1985b:50).

Varlığın bu olanaklı göreliliği, soyut evreni somut tamlaşmanın ikincil yapısı haline getirir. Pozitivist bir tarihçi, tek bir bireyi ya da tek bir grubu incelediğinde, onları olanaklı insanın (l'homme possible) bir örneği olarak kavrar (Sartre 1985b:50). Oysa Sartre'a göre diyalektik hareket olarak tarih, praksis ya da anlama söz konusu olduğunda, ancak insanlığın serüvenini anlayabilir. "Tarih için insanlığın serüveninde, ancak, var olan ve kendilerini var kılan olanaklar tarafından belirlenmiş insanlar vardır ve var olabilir" (Sartre 1985b:51). İnsanın olanakları ise, toplumsal alanın pratik belirlemeleridir ve her türlü tarihsel etkene olduğu kadar tamlaşmanın akış halindeki tek tamlaşmışlığına da bağlıdır.

Sartre, doğrudan tamlaşma olarak "somutlaşma", dolaylı tamlaşma olarak "özgünleşme" ve "rastlantı" kavramlarını birlikte düşündüğünde şu sonuca varır: Tekil karakterlerle somutlaştırılmış tamın ilişkisi, kavram ya da özün rastlantıları ilişkisi gibi tanımlanamaz. Soyut evren ile kıyaslandığında her türlü belirleme bir rastlantıdır. Bu rastlantı da ancak analitik akıl tarafından dış etkenlerle açıklanabilir. Sartre'a göre pozitivist anlaşılabilirlikteki paradoksal anlaşılamazlığa karşın, somutlaşmanın gerçekliğini anlamak için şunu sormak gerekir: Rastlantı, diyalektik akıl için, tıpkı analitik aklın sahip olduğu anlamla aynı anlama sahip midir? (Sartre 1985b:44). Sartre bu soruya verdiği cevap temelinde de rastlantının diyalektik anlaşılabilirliği ile zorunsuzluğun zorunluluğunu ve dolayısıyla da başlangıçtaki problem olan, tek bir savaşın anlaşılabilirliği problemine cevap vermeye çalışır. Onun bu problemlere ve bu problemlerle doğrudan ilişkili olan temel problem olarak tarihin anlaşılabilirliğine ilişkin çözümleri ise içeren tamlaşma (la totalisation d'enveloppement) kavramı temelindedir.

2.3.2. Tarihin Diyalektik Anlaşılması: İçeren Tamlaşma

Sartre'a göre, her savaş, hareket halindeki toplumsal bütünün bütün koşullarının tekleşmesidir. Bu tekleşmeyle birlikte savaş, tarihsel süreç olarak içeren tamlaşma[1]yı somutlaştırır (Sartre 1985b:58). "Her tek tamlaşma, tek olarak içerilmiş olduğu kadar, tamlaşma olarak da içerendir"(Sartre 1985b:59). Örneğin, nasıl ki tek maç bütün maçları içeriyorsa, aynı şekilde her maç da tek maçı kendine özgü nesnel gerçekliği içinde içerir. Çünkü içeren tamlaşma, kendi içinde teklik gösteren şeyler tarafından somutlaştırılmıştır. Bu durumda, her tek kendini hem somutlaşma, hem de içerilmiş tamlaşma olarak tanımlar. Bu tek tek içerilmiş tamlaşmalar da, ancak, özgür

[1] Sartre'a göre içeren tamlaşma, praksis aracılığıyla bütün somut bireylerin bütünleşmesi (1985b:97); ya da akış halindeki zamanın tekleşen somutlaşmasıdır (1985b:313).

pratik organizmalar olarak bireyler tamlaşan projeler olarak görüldüğünde, içeren tamlaşmayı somutlaştırır (Sartre 1985b:247).

Bu bakış açısında, aynı toplumsal gerçeklikten hareket ederek ancak iki tür diyalektik tutum olanaklı olabilir. Marksist çözümlemelere başvuran ilk tutum, olayı, tekleştirilmiş somut tamlaşmışlıklar olarak dolayımlamaların bütünlüğü içinde eritir. Bir olayın diyalektik anlaşılabilirliğini kavramaya elverişli tek tutum olan ikinci tutum ise, olayın bizzat kendisinde, koşulların tekleşmesinden hareketle sürecin tekliğini meydana getiren etkileşimleri ortaya çıkarmaya çalışır (Sartre 1985b:59).

Sartre'a göre büyük tarihsel bütünlükler durumunda, pratik çoklukların sentetik birliğinin olup olmadığını bilemeyiz. Buna karşılık sayısız özel durumda, gerçek bir tamlaşmadaki çatışmayı incelemek bizim için daha olanaklıdır. Bu olanaklı incelemede ise asıl şiddetli çatışmaların, örgütlenmiş ya da kurumlaşmış gruplarda olduğunu görülecektir. Öyle ki bu kurumlaşmış gruplar, daha da fazla kurumlaştıklarında çatışmalar da savaşlara dönüşür (Sartre 1985b:61). Bu nedenle çatışmalar ve savaşlar ancak örgütlü bir grup içinde anlaşılabilirliğe sahiptir. "Çünkü çatışmalar kendini yeniden biraraya gelmenin anı olarak üretir" (Sartre 1985b:79).

Grup içindeki insanlar, bilinçli olsun bilinçsiz olsun, ancak ilerleme halindeki bir çelişmeyi güncelleştirerek birbiriyle savaşabilirler. Başka bir ifadeyle gruptaki her türlü iç çatışma, söz vermiş bireylerarasında ve kardeşlik-terörün (fraternité-terreur) sentetik temelinde ortaya çıkar. Bir grupta çatışan alt grupların her biri, suçlu olarak gördüğü diğer alt gruba, sahip olduğu tutkularıyla ortak birliği böldüğü gerekçesiyle karşı çıkar ve onunla çatışır. Grup içindeki çatışmaların diğer bir görünümünde ise çatışan alt gruplar, diğer alt grupla örgütlü grubun tamlaşan praksis'i doğrultusunda çatışmaya girer. Bu durumda her alt grup, ortak eyleme farklı bir yön verdiği savındadır. Bu görünüm altındaki çatışmalar, hiçbir zaman grubun oluşumunun öncesinde ya da dışındaki ortak ya da bireysel farklılıklardan değil (Sartre 1985b:61), grubun tamlaşan hareketinde ortaya çıkan özgür düşüncelerden doğar. Örneğin kaygı, öfke, küskünlükler ve yakınlaşmalar gibi olaylar çatışmalara neden olan davranışlardır. Bu davranışlar ise, ortak eylemdeki değişmeler sayesinde ortaya çıkar. Başka bir ifadeyle çatışma, praksis'in dönüşümlerinden doğar. Bu dönüşümler, tam grup ile dış gruplar arasındaki güç ilişkileri ya da grup ile grupta karar verenler arasındaki ilişkilerdir (Sartre 1985b:62-63).

Sartre'a göre praksis'in dönüşümlerinden doğan bir çatışmayı anlamak her zaman için olanaklıdır. Çatışmanın temel anlaşılabilirliği ise, diyalektik bir anlama gelişimi sunar (Sartre 1985a:884). "Çünkü anlama, kendini tekleştiren sınırlamalar ve belirli amaçlardan hareketle kendini kavrayan praksis'ten başka bir şey değildir" (Sartre 1985b:93). Bununla birlikte, çatışma anlaşılır olduğundan, çatışmanın daha ileri bir boyutu olarak savaş da anlaşılabilir. Savaşın anlaşılabilirliği ise içeren tamlaşma temelinde gerçekleşir (Sartre 1985b:96). Savaşın anlaşılabilirliği, bu tamlaşmadan hareketle ve ortak praksis'in görünümü altında açıklığa kavuşturulabilir. Başka bir ifadeyle "savaşın anlaşılabilirliği savaşan tarafların eyleminin (praksis'inin) zorunlu bir karakteridir" (Sartre 1985a:883).

Tamlaşma, egemen bireyin toplumsallaşmasıyla diyalektik bağlılık içinde olan bir toplumun bireyselleşmesi olarak görüldüğünde tekleşen somutlaşmadır. Böyle olmakla birlikte, praksis'in bütün somut bireylerini biraraya getiren içeren tamlaşma, ne transcendental dogmatizmin ileri sürdüğü tarzda bir varlık, ne hiperorganizmin ileri sürdüğü tarzda bir var olan, ne de dışsallığın evrenselciliğinin savunduğu gibi dış dünyaya kendini zorla kabul ettiren bir kural olabilir. Bu durumda içeren tamlaşmaya ilişkin sorulabilecek en anlamlı soru şudur: İçeren tamlaşma hangi tip nesnel ve bireysel gerçekliğe sahiptir? (Sartre 1985b:238).

Sartre'a göre, içeren tamlaşmanın asıl farklılığı bağımlı somutlaşmalarla ortaya çıkar (1985b:242). Bu tür tamlaşma kendinde ve kendisiyle anlamlı yapıların hiyerarşisini ve sürecin eylemsiz hareketini destekler. İçeren tamlaşma, son derece yapısallaştırılmış olan bu sistemle, bütün olanaklı somutlaşmaları bütünün somutlaşmaları haline getiren yolların bütünlüğünü belirler (Sartre 1985b:242). Çünkü içeren tamlaşma, içerilmiş tamlaşmaların ideal birliğidir (Sartre 1985b:314). Bu nedenle, içeren tamlaşma, her içerilmiş tamlaşmada kendi anlamını bulur (Sartre 1985b:247).

Böylece, bütün kısmi tamlaşmalar tarafından içerilmiş ve amaç haline getirilmiş olan içeren tamlaşma, praksis'in bizzat kendisidir. Başka bir ifadeyle, içeren tamlaşmanın pratik gerçekliği, kendini diyalektik olan praksis aracılığıyla ispatlar. Praksis ise her an, kendine özgü dışsallığı, içkinlikte eritmeye girişir. Praksis ile ilgili olan bu ikinci noktanın da iki sonucu vardır: ilkin bu eritme girişimiyle praksis, pratik-eylemsizlik alanında kendini nesnelleştirir, destekler ve sınırlar. İkinci olarak, praksis'in bu eritme girişimiyle birlikte, içeren somutlaşma, pratik-eylemsizliğin erimesi ve dolayımlaması olarak praksis sürecinin bütün düzeylerinde kendini gerçekleştirir (Sartre 1985b:242). "Praksis sürecinin kendinde varlığı, evrendeki içeren tamlaşmanın ve içeren tamlaşmadaki evrenin eşdeğerliliğidir" (Sartre 1985b:330). Çünkü "praksis süreci teriminin içeren tamlaşmadan başka bir işlevi yoktur" (Sartre 1985b:347).

İçermenin tamlaşması, pratik-eylemsizlik alanının neden olduğu yetkinsizlikten kurtulan grupların inişli çıkışlı çifte hareketidir (Sartre 1985b:245). Başka bir ifadeyle, grupları pratik-eylemsizlik alanının dışına çıkaran bu inen çıkan akışkan hareket, içeren tamlaşmanın temelini oluşturur. Bununla birlikte, içeren tamlaşma, hiçbir zaman son bulmayan bir hareket olduğundan, bu çifte akışkan hareket, zamansal bir görünüm altında, sarmallar şeklinde ilerleyen bir hareket halini alır (Sartre 1985b:246). İşte Sartre'ın diyalektik tamlaşma hareketinin anlaşılması derken kastettiği şey, içeren tamlaşmanın bu sarmallar şeklinde ilerleyen hareketinin anlaşılmasıdır.

Sartre'da sarmal hareket olarak içeren tamlaşma, bir praksis, hatta ortak bir praksis olmanın ötesinde (1985b:247), kendini zamanın akışına katan bir praksis'in birliğidir (1985b:251). Çünkü ona göre, organik olan ile inorganik olan arasındaki dolayımlama olarak eylem, ne organik, ne de inorganiktir. O, daha ziyade, bu iki statünün birliğidir. Bu birlik, diyalektik bir deneyim ve tamamen yeni olan bir statüdür (Sartre 1985b:400). Praksis bu birliği de, tek tek yaşamlarda, kendini hem güncel bütünlüğü içinde eşzamanlı, hem de insani derinliği içinde artzamanlı olarak gerçekleştirir (Sartre 1985a:171). Bununla birlikte, her bireysel davranış, içerilmiş bir tamlaşma altında, içeren toplumsal tamlaşmayı yeniden üretmektedir (Sartre 1985b:267).

Sartre'a göre transcendental dogmatizme düşmeden içeren tamlaşmaya ilişkin olarak şunu söyleyebiliriz: İçeren tamlaşma, kendi kendini meydana getiren özerk (autonome) praksis'tir. Bu anlamda içeren tamlaşma, amaçlanmış sonuç ile bu sonucun öngörülemeyen etkileri arasındaki diyalektik bağlılık olarak da kendini gösterir (Sartre 1985b:256). Başka bir ifadeyle o, birliğini bir amaç doğrultusundaki aşamasından çıkaran pratik ve insani gerçekliktir (Sartre 1985b:287).

Sartre'a göre, kendini zamanın akışına katan özerk praksis'in sarmal ve içeren tamlaşmasının diyalektik anlaşılması, şimdinin gelecek aracılığıyla, geçmişin de şimdi aracılığıyla ortaya çıkarılmasından başka bir şey değildir (1985b:296). Çünkü içeren tamlaşma, tarihin anlaşılabilirliğinin temelidir (Sartre 1985b:42). Tarihçinin bu anlaması, önceki koşullardan ve saptanmış nesnellikten, ayrıntı niteliğindeki eylemlerin biraraya getirilmiş çeşitliliğine gider (Sartre 1985b:297). Ama tarihçi, yalnız praksis'i anlamayla uğraşmaz; bununla birlikte o, eylemin temelinde kalan bir artık olarak eylemsiz olanı da ortaya çıkarır. Dolayısıyla tarihçinin bu anlama hareketi önce geriye dönük, sonra da ileriye yöneliktir (Sartre 1985b:297).

Sartre'da anlama, tarihçinin ya da gözlemcinin praksis'idir. Ona göre, tarihçinin praksis'i olarak anlamanın yapısı ise doğrudan eylemin yapısıdır. Tarihçi anlamayla en son sınırından, yani bittiği noktadan hareket ederek pratik zamanı kavrar. Böylece yönlendirilmiş zamanın diyalektik kavranması olarak anlamada, davranışların dışsallığı problemi arka plana itilmiştir. Davranışların bu dışsallığıyla da her davranışın, bütün diğer önceki ya da sonraki davranışlardan bağımsız olduğu görülür (Sartre 1985b:378). Örneğin bir çalışanın davranışını kavradığımızda ve bu çalışanın dışsallıkta ürettiği değişimlerle davranışın başını ve sonunu anladığımızda, bu davranışı izleyen davranışları önceden görmek ve bu davranıştan önce gelen davranışları bulmak olanaklıdır. Dolayısıyla tek kelimeyle, her davranış, diğer davranışların dışındaysa, o zaman bu davranışların bütünlüğü bir tamlaşma hareketini oluşturur (Sartre 1985b:380).

Sonuç olarak, Sartre'a göre, bu anda asıl önemli olan şey, diyalektik anlamanın tek nesnesi olan insanın praksis'ini, kendine özgü tekliğinin doğrudan ve temel yalınlığı içinde ortaya koymaktır (1985b:393). İnsanın praksis'i dışındaki praksis'lerin diğer olanaklı olabilecek tipleri ise insan için anlaşılamaz. (Sartre 1985b:394). İnsanın yaptığı tarihin akışı içinde praksis'in sahip olduğu tek aşılamaz amaç ise, yaşamını sürdürmektir.

Sonuç

Felsefenin varlık, bilgi, etik gibi ana uğraşı alanlarında, filozofların ortaya koydukları sorunlara verdikleri cevapları temellendirme aşamasında karşısına çıkan sorunlar büyük ölçüde metoda ilişkin sorunlardır. Başka bir ifadeyle, bir görüşün ya da düşüncenin temellendirilmesi süreci aynı zamanda metodun geçerlilik alanını ve sınırlarını belirler. Örneğin varlık alanında "hakiki varlık nedir?" sorusu, sözgelimi Ortaçağın egemen felsefe anlayışının ortaya koyduğu gibi "hakiki varlık Tanrı'dır" şeklinde cevaplandırıldığında, bu cevabın ayakta kalmasını sağlayacak bir temellendirme, hakiki varlık Tanrı'ya nasıl ulaşılacağını ortaya koyma yönünde olacaktır. Nitekim, hemen hemen Ortaçağ filozoflarının hepsinin ortaya koyduğu görüşlerin amacı, Tanrı'ya nasıl ulaşılacağını temellendirerek göstermektir. Bilgi alanında "kesin ya da doğru bilgi nedir?" gibi bir soru, sözgelimi "kesin bilgi, açık seçik bilgidir" şeklinde cevaplandırıldığında, bu düşüncenin temellendirilmesi gerekliliği, bizi bu tür bilgiye ulaştıracak doğru metodu ortaya koyma gerekliliğine götürür. Varlık ve bilgi alanında olduğu gibi etikte de temel bir soru olarak "etik kişi kimdir?" sorusu bizi "nasıl etik bir kişi olunur?" sorusuna götürecektir. Bu ikinci soru da doğrudan ya da dolaylı olarak ancak belli bir metot temele alınarak cevaplandırılabilecek bir sorudur.

Bununla birlikte, farklı yapı özellikleri gösteren her uğraşı alanının da sahip olduğu kendine özgü yapı gereği, yapısına uygun metodu kullanması gerektiği de açıktır. 17. yüzyılda bu duruma dikkat çeken Descartes, *Felsefenin İlkeleri*'nde, kesin bilgi olarak açık ve seçik bilgiye ulaştıracak doğru metodun şüphe metodu olduğunu söylerken, şüphe metodunun pratik, yani nasıl eylemde bulunmamız gerektiğini gösteren bir metot olmadığını, teorik bir metot olduğunu da açıklar. Çünkü ona göre, yaşam o denli hızlı akıp geçer ki, işlerimizde harekete geçme fırsatları hemen hemen her zaman bütün şüphelerimizden sıyrılmadan önce gelip geçer (Descartes 1995:53).

Ama böyle olmakla birlikte, felsefe tarihinde, felsefenin bir özelliği olarak sistemli düşünme etkinliği olma özelliğini felsefi düşünme için temel çıkış noktası yaparak "gerçekliği" oluşturan varlık, bilgi, tarih ve toplum gibi alanları tek bir ilke ya da metotla açıklamaya çalışan görüşlere rastlanmaktadır. Bu görüşler, diyalektik olarak nitelendirdikleri ilke ya da metodu her türlü olgu ve olayı açıklamak için bütün bilgi alanlarına uygulamakta ve onlardan neyi göreceğini önceden belirlemektedir. Bütün varlık ve bilgi alanlarına yönelen bu diyalektik yaklaşım, bir bütün olarak varolanın ne olduğuna ve nasıl oluştuğuna ilişkin bir kabuldür. Özellikle tarih ve toplumla ilgili düşüncelerdeki gelişmelerin önplana çıktığı 19. yüzyıl düşünürlerinde egemen olan bu anlayışın etkisi 20. yüzyılın büyük bölümünde de devam etmiştir. Böyle bir anlayış söz konusu edildiğinde ilk akla gelen filozof ise Hegel'dir. Çünkü bütünü, yani bilimin sistemini kurmaya çalışan Hegel, diyalektik olarak nitelendirdiği ilke ya da metodu temele alarak, bu ilke ya da metodu yalnız "gerçeğin" zorunlu olarak yürüdüğü yol yapmanın ötesinde, "gerçeği" açıklamak ve sistemini kurmak için düşünürken izlediği yol haline de getirir. Çünkü onda diyalektik metot hem düşünmenin zorunlu ilerleyişini, hem de düşünme tarafından kavranan "gerçeğin" zorunlu hareketini belirler.

Hegel'in varlık ile bilgiyi birbirine indirgeyen ve aralarındaki sınırları ortadan kaldıran diyalektik anlayışını eleştiren Sartre, bu eleştiriden hareketle, tarihsel ve toplumsal gerçeklik temelinde varlık ile bilgiyi kendine özgü yapılar içinde koruyan diyalektik akıl anlayışıyla\ Hegel'in idealizmini aştığını düşünür. Sartre'ın Hegel idealizmini aştığını düşünmesinin temelinde ise, bir varlık türü olarak insanla, bir bilgi türü olarak insana ilişkin bilgi arasındaki hareketli tamlaşma ilişkisi olarak tanımladığı diyalektik aklı, bireyin praksis'inin geçerlilik alanıyla sınırladığı, başka bir ifadeyle, diyalektiğin geçerlilik alanını tarih ve toplum alanıyla sınırladığı düşüncesi vardır. Bununla birlikte, Sartre'a göre, diyalektik aklın sınırları içinde geçerliliğe sahip akış halindeki tarihsel tamlaşma hareketi, Hegel'in diyalektik anlayışının ileri sürdüğü gibi evrensel bir proje doğrultusunda değil, kısmi tamlaşma anlayışı doğrultusunda ilerler. Bu kısmi tamlaşmada, özgür pratik organizma olarak bireyin praksis'ine yön veren tek proje ise yaşamını sürdürmektir.

Dolayısıyla, görülmektedir ki, Sartre'ın diyalektiği iki temel yapı üzerinde gerçekliğe sahiptir: Varlık açısından diyalektik, bireyin ve grubun praksis'inin eşzamanlı ve artzamanlı içeren tamlaşmasıdır. Bilgi açısından diyalektik, bireyin ve grubun praksis'inin bu içeren tamlaşmasının projesini anlamayı sağlayacak metottur. Bu metodun anlama nesnesi, tarihsel ve toplumsal gerçeklikteki diyalektik tamlaşma hareketinin projesi olduğundan Sartre, bu metodu "diyalektik metot" olarak nitelendirir. Ona göre diyalektik metot, ileriye yönelik-geriye dönük olmak üzere iki andan oluşur. Çünkü Sartre'da diyalektik tamlaşma hareketi zamanın akışında gerçekliğe sahip bir hareket, yani zamanın anları olarak geçmişte, şimdide ve gelecekte gerçekleşen tarihsel bir harekettir. Dolayısıyla Sartre, ileriye yönelik-geriye dönük derken, zamanın anlarına yönelik bir bakışı kastetmektedir. Nitekim onda diyalektik anlama, şimdiyi gelecek, geçmişi de şimdi aracılığıyla kavramaktır (Sartre 1985b:296).

Böyle olmakla birlikte, *Diyalektik Aklın Eleştirisi*'nin "Giriş"inde, Sartre, eleştirel girişim olarak gördüğü diyalektik metodun geriye dönük anında, praksis süreci olarak meydana getiren diyalektiği, antidiyalektiği ve meydana getirilmiş diyalektiği, ileriye yönelik anda ise bu üç kısmi hareketi biraraya getiren tamlaştırıcı hareketi inceler (1985a:188). Başka bir ifadeyle Sartre, geriye dönük anda, her şeyin hareket ettiricisi olarak gördüğü bireyin praksis'inin kısmi tamlaşma hareketine katılmasını ve bu katılmayla birlikte tarihin yapılmasına katkıda bulunma sürecinin adımlarını; ileriye yönelik anda ise, birey açısından tarihsel tamlaşma hareketinin anlamını sorgulama konusu yapar. Başka bir bakış açısıyla bakıldığında ise, Sartre'ın bireyin praksis sürecinin anlarını ortaya koyarken yaptığı, değişken olan bireyin praksis'inin bir anına -meydana getiren praksis anına- bakarak bu praksis'in kendinde taşıdığı bir imkânı gerçek farzetmek, yani meydana getiren praksis'in kendinde antipraksis'i de taşıdığını kabul etmektir. Bu da, belirli bir kabule dayanan düşünme tarzı, A'nın içinde A olmayanı da taşıdığı kabulüne dayanan bir akılyürütme tarzıdır. Daha açık bir ifadeyle, bu akılyürütme tarzına sahip olan Sartre'ın yaptığı, tek tek şeylerin tarihsel bir defalık olan oluşmasından zamanı soyutlamak, değişimlerini zaman dışında görmektir.

"Bu takdirde oluşu harekete, tek tek şeylerin değişmesini de -bu arada bütün tarihsel oluşu da- süreçlere indirgemek olur. Bunun temelinde ise tek tek şeylerin kavramlarıyla bir kabul edilmesi yatar" (Kuçuradi 1997:112).

Bütün bu nedenlerden dolayı, söylenebilir ki, Sartre her ne kadar da Hegel'in varlık ile bilgiyi birbirine indirgeyen diyalektik anlayışını eleştirerek ortaya koyduğu diyalektik akıl anlayışıyla diyalektiğin sınırlarını tarihsel ve toplumsal gerçeklik olarak belirlemekle birlikte, yine de pratik özgür bir organizma olarak insan varlığıyla, bu varlığa ilişkin bilgiyi birbirine indirgediğinden aradaki sınırları koruyamamaktadır. Dolayısıyla Sartre, Hegel'in gerçekliğin bütünü için yaptığını, başka bir görünüm altında yalnızca belli bir gerçeklik -tarihsel ve toplumsal gerçeklik- için yapar.

Sonuç olarak, Hegel ve özellikle de Sartre'a ilişkin ortaya konulanlar temelinde bakıldığında şunlar söylenebilir: Tarihsel ve toplumsal oluşu, hazır bir "oluş kuramı" temelinde açıklamaya çalışan her anlayış, ancak değişen yapıları açıklayan, değişken ilişkilerin yapısal açıklamasını yapan anlayışlardır. Böyle olunca da bu anlayış, oluşun dışında oldukları için değişmez yapıları ve oluşları bir defalık olduğundan tek tek tarihsel olayları açıklayamaz (Kuçuradi 1997:137). Dolayısıyla Sartre'ın yaptığı gibi, zaman boyutunu hesaba katmadan, toplumsal ilişkilerin yapısının yalnız değişken ilişkilerden meydana gelen yanının varlıkça yapısı açıklandığında, ortaya konulanlar, oluş kuramıyla gerçekte varolan bağlantılar arasında zorlamayla kurulan kavramsal bağlantılar olmanın ötesine gidememekte, yani nesne edinilen bağlantılarından koparılmakta ve böylece nesne edinilen tarihsel ve toplumsal bağlantıların doğru bir açıklanması yapılamamaktadır.

Kaynakça

Alberes, René-Marill. *Jean -Paul Sartre,* Paris, Editions Universitaires, 1964

Aristoteles. *Topikler(1-4)*, (Çev: J. Brunscwig), Paris, Société d'Edition Les Belles Lettres, 1967

Aron, Raymond. *La lutte de classes: nouvelles leçons sur les sociétés industrielles,* Paris, Gallimard, 1964

Audry, Colette. *Sartre et la réalité humaine,* Paris, Seghers, 1966

Bakcan, Ahmed. *Camus et Sartre: deux intellectuels en politique*, Villeneuve d'Ascq, Presses Universitaires du Septentrion, 2004

Belaval,Yvon. *Histoire de la philosophie* III vol.2 pp.641-691, Paris, Editions Gallimard, 1974

Bruaire, Chaude. *La dialectique*, Paris, Presses Universitaires de France, 1993

Catesson, Jean. *Théorie des ensembles pratiques et philosophie (Sur la "Critique de la raison dialectique),* Paris, Editions Universitaires, 1961

Clastres, Pierre. *La société contre l'état: recherches d'antropologie politique,* Paris, Les Editions de Minuit, 1974

Cooper, D., L. Ronald. *Raison et violence: dix ans de la philosophie de Sartre*, Paris, Payot, 1971

Contat, M., M. Rybalka. *Les Ecrits de Sartre*, Paris, Editions Gallimard, 1970

Descartes, Réne. *Felsefenin İlkeleri* (1644), (Çev. Mesut Akın), İstanbul: Say Yayınları, 1995

Doubrovski, Serge. *Jean-paul Sartre et le mythe de la Raison dialectique,* Paris, N.R.F. 1961

Foulquie, Paul. *La dialectique*, Paris, Presses Universitaires de France, 1949

Freitag, Michel. *Dialectique et société*: culture, pouvoir, contrôle les modes de reproduction formels de la société, Quebec, Saint-Martin, 1986

Hegel, Georg.Wilhelm.Friedrich. *Précis de l'Encyclopédie des Sciences Philosophiques,* (1817), (Çev.J. Gibelin), Paris: Librairie Philosophique J. Vrin, 1987

Hegel, Georg.Wilhelm.Friedrich.*Phénoménologie de l' Esprit,* (1807), (Çev. Gwendoline Jarczyk, Pierre- Jean Labarriere), Paris: Editions Gallimard, 1993

Hegel, Georg.Wilhelm.Friedrich.*Tarihte Akıl,* (Çev.Ö. Sözer), İstanbul: Kabalcı Yayınevi, 1995

Houbart, Jacques. *Un pere dénaturé; essai critique sur la philosophie de J.P.Sartre,* Paris, Julliard,1964

Garaudy, Roger. *Questions à Jean- Paul Sartre, Précédées d'une* lettre *ouverte,* Paris, Collection "Clarté", 1960

Giddens, Anthony. *La constitution de la société: éléments de la théorie de la structuration,* Paris, Presses Universitaires de France, 1987

Guindey, Guillaume. *Le Drame de la pensée dialectique: Hegel, Marx, Sartre,* Sorbonne, J.Vrin, 1976

Kant, Immanuel. *Critique de la raison pure* (1781), (Çev.A.Tremesaygues, B.Pacaud, De A.Hannequin) Paris: Librairie Félix Alcan., 1905

Kant, Immanuel.*Pratik Aklın Eleştirisi* (1788), (Çev.İ.Kuçuradi, Ü.Gökberk, F.Akatlı), Ankara: Türkiye Felsefe Kurumu Yayınları, 1994

Kant, Immanuel. *Ahlâk Metafiziğinin Temellendirilmesi* (1785), (Çev.İ.Kuçuradi), Ankara: Hacettepe Üniversitesi Yayınları, 1995

Kuçuradi, İoanna. *Çağın Olayları Arasında,* Ankara, Ayraç Yayınevi, 1997

Lamouchi, Noureddin. *Jean-Paul Sartre et le Tiers-monde*, Paris, Harmattan, 1996

Lacroix, Jean. *Panaroma de la philosophie française contemporaine*, Paris, Presses Universitaires de France, pp. 153-160, 1968

Lalonde, Michel. *Comprendre la société: une introduction aux sciences sociales,* Paris, Presses Universitaires de Rennes, 1997

Jeanson, Francis. *Sartre par lui-même,* éd., Paris, Le Seuil, 1955

Jeanson, Francis. *Le problem moral et la pensée de Sartre*, 2e. éd., Paris, Le Seuil, 1965

Jeanson, Francis. *Sartre,* Desclée de Brouwer, Paris, coll. " Les Ecrivains devant Dieu" , 1966

Jolivet, Régis. *Les doctrines existentialistes de Kierkegaard à J.P. Sartre,* Paris, Ed. de Fontenelle, 1948

Jolivet, Régis. *Le probleme de la mort chez M. Heidegger à J.P. Sartre,* Paris, Ed. De Fontenelle, 1950

Jolivet, Régis. *Sartre ou la théologie de l' absurde*, Paris, Fayard, 1965

Marcel, Gabriel. *L'existence et la liberté humaine chez J.P. Sartre,* Paris, Librarie Philosophique J.Vrin, 1981

Navlille, Pierre. *L'intellectuel communiste (à propos de J.P. Sartre),* Paris, Riviere,1957

Niel, Henri. *J.P. Sartre, héros et victime de la "conscience malheureuse",* Paris, Editions "Courrier du Livre" , 1966

Platon. *Devlet,* (Çev: S. Eyüboğlu, M.A. Cimboz), İstanbul: Remzi Kitabevi, 1992

Renault, Alain. *Sartre, le dernier philosophe*, Paris, Bernard Grasset, 1993

Truc, Gonzague. *De J.P. Sartre à L. Lavelle ou désagrégation et réintégration,* Paris, Tissot, 1946

Sartre, Jean Paul. *La transcendance de l'ego,* Paris, Recherches philosophiques,1936,

Sartre, Jean Paul. *Baudelaire,* Paris, Editions Gallimard, 1947a

Sartre, Jean Paul. *Une idée fondamentale de la phénoménologie de Husserl: l'intentionnalité,* dans Situations I, Paris, Editions Gallimard, 1947b

Sartre, Jean Paul. *La liberté cartésienne,* dans Situations I, Paris, Editions Gallimard, 1947c

Sartre, Jean Paul. *L'imagination,* Alcan, Paris, 1936. "Nouvelle Encyclopédie Philosophique", Paris, P.U.F, 1948a

Sartre, Jean Paul. *L' imaginaire*, *Psyychologie phénoménologique de l'imagination,* Paris, Editions Gallimard, 1948b

Sartre, Jean Paul. *Matérialisme et révolution,* dans Situations III, Paris, Editions Gallimard, 1949

Sartre, Jean Paul. *Qu'est-ce que la littérature?,* dans Situations II, Paris, Editions Gallimard, 1958

Sartre, Jean Paul. *l'être et le néant*, *essai d'ontologie phénoménologique,* Paris, Editions Gallimard, 1960a

Sartre, Jean Paul. *Esquisse d'une théorie des émotions,* "Actualités scientifiques et industrielles" n 838, Paris, Hermann, 1960b

Sartre, Jean Paul. *Réflexions sur la Question Juive*, Paris, Editions Gallimard, 1961

Sartre, Jean Paul. *Colonialisme et néo-colonialisme,* dans Situations V, Paris, Editions Gallimard, 1964a

Sartre, Jean Paul. *Problemes du marxisme,* t. I, dans Situations VI, Paris, Editions Gallimard, 1964b

Sartre, Jean Paul. *Problemes du marxisme,* t. II, dans Situations VII, Paris, Editions Gallimard, 1965

Sartre, Jean Paul. *Sanat, Felsefe ve Politika Üstüne Konuşmalar*, (Derleyen: Ferit Edgü), İstanbul: Çan Yayınları, 1968

Sartre, Jean Paul. *Entretiens sur la politique,* avec David Rousset et Gérard Rosenthal, Paris, Editions Gallimard, 1972a

Sartre, Jean Paul. *L'idiot de la famille, Gustave Flaubert de 1821 à 1957* t.I et II Paris, Editions Gallimard, t.III,1972b

Sartre, Jean Paul. *Cahiers pour une morale,* Paris, Editions Gallimard, 1983

Sartre, Jean Paul. *Critique de la raison dialectique*, t.I Paris, Editions Gallimard, 1985a

Sartre, Jean Paul. *Critique de la raison dialectique*, t.II Paris, Editions Gallimard, 1985b

Sartre, Jean Paul ve DİĞERLERİ. *Marksizim ve Ekzistansializm: Diyalektik Üzerine Tartışma,* (Çev: N. Engez), İstanbul: İzlem Yayınları, Tarihsiz

Schwarz, Theodor. *Jean- Paul Sartre et le marxisme, Réflexions sur la critique de la raison dialectique,* Paris, Editions L'age d'Homme, 1976

Seel, Gerhard. *La dialectique de Sartre,* Paris, I'Age d'homme, 1995

Strathern, Paul. *90 Dakikada Sartre,* (Çev: Necmiye Uçansoy), İstanbul: Gendaş Yayınevi, 1998

Varet, Gilbert. *L'ontologie de Sartre,* Paris, Presses Universitaires de France,1948

Printed by Books on Demand GmbH, Norderstedt / Germany